师范教育教学改革与探索

孟凡蕾 ◎ 著

吉林出版集团股份有限公司

图书在版编目（CIP）数据

师范教育教学改革与探索 / 孟凡蕾著. — 长春：
吉林出版集团股份有限公司，2024.2
ISBN 978-7-5731-4658-8

Ⅰ. ①师… Ⅱ. ①孟… Ⅲ. ①师范教育－教学改革－
研究 Ⅳ. ①G652.0

中国国家版本馆 CIP 数据核字（2024）第 049951 号

师范教育教学改革与探索
SHIFAN JIAOYU JIAOXUE GAIGE YU TANSUO

著　　者	孟凡蕾
出版策划	崔文辉
责任编辑	刘　洋
助理编辑	邓晓溪
封面设计	文　一
出　　版	吉林出版集团股份有限公司
	（长春市福祉大路 5788 号，邮政编码：130118）
发　　行	吉林出版集团译文图书经营有限公司
	（http://shop34896900.taobao.com）
电　　话	总编办：0431-81629909　营销部：0431-81629880/81629900
印　　刷	廊坊市广阳区九洲印刷厂
开　　本	787mm×1092mm　　1/16
字　　数	216 千字
印　　张	13.25
版　　次	2024 年 2 月第 1 版
印　　次	2024 年 2 月第 1 次印刷
书　　号	ISBN 978-7-5731-4658-8
定　　价	78.00 元

如发现印装质量问题，影响阅读，请与印刷厂联系调换。电话 0316-2803040

前　言

在当代社会，教育一直被认为是推动社会进步和个体发展的关键力量。而师范教育则是培养未来教育者的摇篮，承担着培养和传承教育文化的神圣使命。面对不断变革的社会和日新月异的科技发展，师范教育也面临着严峻的挑战。本书旨在深入探讨师范教育领域的教学改革与探索，凸显其在时代变迁中的重要性，以及面对新时代需求，教育者如何创新教学理念和方法，为培养优秀教育人才而努力。

师范教育一直是教育体系中的支柱，关系着整个社会的发展。然而，随着社会的变革、科技的进步和教育理念的不断更新，传统的师范教育也面临着诸多挑战。在信息时代，学生的学习方式发生了深刻变化，新兴科技对教学环境和师生互动方式提出了新的要求。同时，社会对教育者的期望也更加多元化，他们不仅仅需要具备扎实的专业知识，更需要具备创新、沟通、团队协作等多方面的能力。

面对这些挑战，师范教育要敢于创新，积极探索适应时代需求的教学模式。如何更好地将理论知识与实际教学相结合，如何培养学生的创新思维和实际操作能力，成为当前师范教育亟待解决的问题。同时，科技的发展为师范教育的改革提供了前所未有的机遇，通过融合现代技术手段，可以打破传统教学的时间和空间限制，创造更加开放、灵活的学习环境。

本书将聚焦师范教育的教学改革与探索，深入剖析当前师范教育面临的问题，并提出可行的解决方案。通过本书的深入研究，我们期望能够为师范教育的教学改革提供有益的借鉴和启示。我们希望本书能够引发教育工作者对于教育模式的思考，鼓励他们在实践中不断创新，为培养更具有创造力、实践能力和社会责任感的教育工作者而努力。我们追求的目标是通过本书的探索，唤起对于师范教育的关注，促进教育体系的不断完善，培养更符合时代需求的优秀教育人才。在这个充满机遇与挑战的时代，我们共同期待着通过师范教育的改革与探索，为未来教育事业的繁荣发展贡献力量。

目 录

第一章　师范教育的背景与挑战

第一节　师范教育的历史演变——中师教育的特色与贡献

一、传统师范教育的形成

师范教育作为一种专门培养教师的教育形式，在历史长河中逐渐形成并演变。其发展过程与社会、文化、教育理念的变迁密切相关。下面将探讨传统师范教育的形成，包括其起源、发展过程、特色，以及对教育体系的影响。

（一）起源与背景

1. 古代文明中的师范概念

在古代文明中，教育起源于对知识的传承和生活技能的培养。师范的概念最早可以追溯到古代文明，如古希腊的哲学家学院、古印度的婆罗门制度等。这些制度强调知识传承的同时，也包含着对教育者的专业培训。

2. 中世纪的修道院学校

在中世纪，基督教修道院兴起，修道院学校成为教育的中心。修道院学校的神职人员需要接受专业的培训，以便更好地传授宗教知识。这也可以看作是师范教育的雏形，强调教育者需具备一定的专业素养。

（二）近现代师范教育的发展

1. 文艺复兴时期的师范理念

随着文艺复兴运动的兴起，对知识的追求与对教育的重视再次升温。这一时期，一些学者开始关注教育方法与师资的培养。师范教育逐渐成为大学体系的一部分，但仍主要集中在神职人员的培训上。

2. 工业革命与普及教育

19世纪的工业革命推动了社会结构的变革，也催生了对教育的新需求。随着普及教育的逐渐展开，对合格教师的需求增加，师范教育开始从神职人员转向一般教育领域。

3. 师范学校的兴起

19世纪末至20世纪初，各国相继建立了专门的师范学校。这标志着师范教育逐渐独立成为一种专业体系。这些学校强调了对教育原理、教学方法和教育心理学等方面的系统培训。

4. 教育学的兴起与师范专业化

20世纪初，教育学作为一门独立的学科崭露头角。师范教育逐渐系统化，形成了更为完整的课程体系。教育学的发展推动了师范教育的专业化，培养的教育者具备更系统的教育理论和实践知识。

（三）传统师范教育的特色与模式

1. 专业知识与实践相结合

传统师范教育强调专业知识与实践的结合。教育者不仅需要学习科学、文学等相关学科的知识，还需要通过实践来培养教学技能。

2. 重视教育伦理与道德

师范教育注重培养教育者的伦理和道德素养。传统模式中，教育者被视为社会的灵魂工程师，需要具备高尚的品德和责任感。

3. 导师制度的建立

传统师范教育中，导师制度是一种重要的教育模式。新教育者在师范学校中往往会被分配到有经验的教育者身边，通过与导师的密切合作，融入教育实践，逐渐形成自己的教育风格。

4. 课程设置的全面性

传统师范教育的课程设置相对全面，涵盖了教育的多个方面，包括教育心理学、教育法学、课程设计等，旨在为教育者提供全方位的知识支持。

5. 着重培养教学技能

传统师范教育的一个显著特点是着重培养教学技能。通过实习、教学设计等环节，教育者能够在真实的教学场景中提升教学效果，培养应对不同情境的能力。

（四）传统师范教育的影响与挑战

1. 对教育质量的提升

传统师范教育在培养教育者的专业素养和实践能力方面发挥了积极作用，为提升教育质量奠定了基础。

2. 教育体系的稳定性

师范教育长期以来对教育体系的稳定性做出了贡献。通过培养大量专业教育者，维护了教育体系的运作。

3. 面临现代社会挑战

然而，传统师范教育也面临着一系列挑战。随着社会、科技的迅速发展，以及对多元化教育需求的增加，传统模式显露出以下一些影响和挑战：

局限性与创新需求：传统师范教育的课程和模式相对稳定，难以适应社会变革和新型教育需求。

教育技术与在线教育：现代技术的发展催生了在线教育的兴起，但传统师范教育模式相对滞后，需要更好地整合现代技术手段。

跨学科与综合素养：当前教育更加注重跨学科的教育与培养学生的综合素养，而传统师范教育的课程设置和教学方法可能需要更多的创新。

多元化需求：学生的多元化需求日益凸显，包括特殊教育、多语言教学等，传统模式需要更灵活的应对方式。

传统师范教育的形成是教育发展历程中的重要节点，它为培养专业教育者、提升教育质量做出了重要贡献。然而，随着社会的变革和教育理念的更新，传统师范教育也面临着适应新时代需求的挑战。因此，如何在保留传统优势的同时进行创新，成为当前师范教育需要思考的重要问题。通过深入研究并整合现代教育理念和技术手段，可以更好地推动师范教育的发展，培养更具创造力和适应力的教育者，为未来教育体系的构建做出更大的贡献。

二、中师教育的兴起与发展

中师教育，即中等师范教育，是培养中学教育者的专业教育体系。其兴起和发展是中国教育体系演变的一个重要阶段，承载了培养中学教师的使命，也在推动整个教育体系的过程中发挥着重要的作用。下面将深入探讨中师教育的历史演变、发展特点、影响因素以及面临的挑战。

（一）中师教育的历史演变

1. 古代文化传统中的师范教育

中国古代的文化传统中就存在着师范教育的雏形。儒家强调"师者，所以传道授业解惑也"，反映了古代对教育者的培养和教育任务的关注。然而，古代师范教育更侧重于知识传授和德育，而非现代意义上的专业教育。

2. 近现代师范教育的萌芽

19 世纪末 20 世纪初，中国面临内忧外患，社会变革压力剧增。在这个背景下，人们开始关注教育问题，认识到培养合格的中学教师对国家的现代化建设至关重要。此时期，中国开始试行一些师范教育项目，初步探索中师教育的方向。

3. 中师教育的形成与发展

20 世纪初，中国政府逐渐认识到培养中学教师的紧迫性，加强了对中师教育的支持。1923 年，在北洋政府的主持下，北京师范学校成立，标志着中师教育走上了正轨。此后，各地相继建立了中师教育机构，推动了中师教育的发展。

（二）中师教育的发展特点

1. 课程设置的特色

中师教育的课程设置相对全面，注重培养学生的学科知识和教育专业知识。该课程不仅包含文化课程，还有教育学、心理学等专业课程，力求使学生在知识结构和教育技能上都具备全面的素养。

2. 实践教学的强调

中师教育非常注重实践教学，通过实习、教育实习和教育实践等环节，让学生能够在真实的教学环境中提升教学能力，适应中学教育的需求。

3. 导师制度的建立

为了更好地引导学生成长，中师教育中普遍建立了导师制度。每位学生都有一位导师，通过导师的引导和辅导，使学生在专业领域和个人素养上都有所提升。

4. 适应中学教育需要

中师教育的目标是培养适应中学教育的优秀教育者。因此，中师教育更加注重学生的实际教学能力和应对中学生的能力培养。

5. 多元化发展

随着社会的多元化和中学教育的不断发展，中师教育逐渐向多元化方向发展，注重培养能够适应不同学科和不同类型学校的中学教育者。

（三）中师教育的影响因素

1. 教育政策的导向

教育政策对中师教育的影响巨大。政府对中师教育的政策导向会直接影响中师教育的课程设置、招生计划和教学质量。

2. 社会需求的变化

社会对中学教育者的需求也是中师教育的重要影响因素。随着社会的变化，对中学教育者的素养和技能提出了更高的要求，这直接影响了中师教育的发展方向。

3. 教育理念的更新

随着教育理念的不断更新，对中学教育者的培养理念也在发生变化。中师教育需要不断调整教育理念，更好地适应现代教育的要求。

（四）面临的挑战

1. 教育资源不均衡

在中国，中师教育资源分布不均衡，一些地区的中师教育资源相对匮乏，这导致了中师教育的不平衡发展。

2. 教育质量参差不齐

中师教育机构之间存在质量差异，一些学校在师资力量、实践教学、实习机会等方面相对较弱。这导致了学生毕业后能力和素质的不同，影响了整体中师教育的质量。

3. 教育理念与实际需求的脱节

有时中师教育的教育理念与实际中学的需求存在脱节。理论课程和实践课程之间的平衡问题，以及实际教学经验的充分融入等方面仍然是亟待解决的问题。

4. 社会对中学教育者的期望多元化

社会对中学教育者的期望日益多元化，需要具备更广泛的知识和技能。这要求中师教育在课程设置和培养模式上更加灵活，适应不同领域、不同类型学校的需求。

5. 科技发展对教育方式的冲击

随着科技的发展，教育方式和手段发生了革命性变化，尤其是在线教育的兴起。中师教育如何更好地融入新的教育技术，使教育更具创新性，是一个亟须思考的问题。

（五）未来展望与应对策略

1. 强化教育资源配置

政府应当加大对中师教育的支持，优化教育资源配置，提高一些地区中师教育的质量，确保教育资源的均衡发展。

2. 优化课程体系

中师教育机构应当根据社会需求和学生发展趋势，不断优化课程体系，增加实际教学经验的融入，强化理论与实践的结合。

3. 推动教育改革

教育部门可以通过推动教育改革，适应新时代的教育理念，促进中师教育与中学实际需求的对接，使中师教育更加符合社会的期望。

4. 引导师资队伍发展

加强师资队伍建设，通过培训和引导，提高教师的专业素养和创新能力。同时，建立更为灵活的培训机制，使中师教育能够更好地适应快速变化的教育环境。

5. 整合新技术

中师教育机构可以更好地整合新技术，将先进的教育科技引入教学过程，提高教学的互动性和实用性，以适应学生对多元化学习方式的需求。

中师教育在适应社会发展、创新教育理念、引领师资队伍发展等方面仍然需要继续努力。通过政府、教育机构和社会的共同努力，中师教育将更好地服务于中学教育事业，为培养新一代学生提供更优质的教育。

第二节　当前师范教育面临的挑战

一、教育背景变革对师范教育的影响

随着社会的不断变革和科技的飞速发展，教育领域也在经历着深刻的变革。这一变革不仅影响着教育的内容和方式，也在重新塑造着师范教育的面貌。下面将深入探讨教育背景变革对师范教育的影响，涉及教育理念、师范课程、教学方法、技术融合等多个方面。

（一）教育理念的变革

1. 从知识传递到能力培养

过去，师范教育更侧重于向学生传递知识，注重培养学科专业知识。然而，随着社会对人才需求的变化，教育理念逐渐转变为注重学生能力的培养。师范教育也逐渐强调培养学生的创新、沟通、协作和解决问题的能力，以更好地适应现代社会的复杂性。

2. 个性化教育理念的兴起

现代教育越来越注重学生个体差异的尊重和关注。这一理念的兴起对师范教育提出了新的挑战和任务，要求教育者更加关注学生的个性发展，培养适应不同学生需求的教育者。

3. 教育社会化的强调

随着社会的发展，教育不再仅仅是学校的事务，而是社会的共同责任。教育背景变革下，师范教育需要更多地关注学生社会化的培养，使其具备更强的社会责任感和公民素养。

（二）师范课程的更新与拓展

1. 教育技术的融入

现代科技的快速发展对教育提出了新的需求。师范教育不仅需要培养教育者的传统教学技能，还需要使其熟练运用现代教育技术。教育技术的融入使得师范课程中涌现出更多涉及信息技术、在线教育、虚拟实验等方面的内容。

2. 跨学科教育的强调

教育背景变革推动了教育的跨学科发展，也影响了师范教育。师范课程逐渐拓展到跨学科领域，使教育者能够更全面地理解和应对学生的需求，更好地整合各种学科知识，提升综合素养。

3. 实践教学的强化

过去，师范教育中的实践教学相对较为薄弱，更多侧重于理论知识的传授。随着教育理念的变革，实践教学在师范课程中的地位逐渐提升。学生通过参与真实的教学活动，更好地锻炼和提升教学能力。

（三）教学方法的创新

1. 学生中心的教学

传统的教学模式以教师为中心，教育内容由教师单向传递给学生。而现代教育更强调学生中心的教学理念，注重激发学生的兴趣和主动性。这要求师范教育更加注重培养教育者引导学生学习的能力。

2. 合作学习的倡导

合作学习是一种强调学生之间相互合作、共同学习的教学方法。这种方法强调学生通过小组合作，分享知识、解决问题，培养团队协作和沟通能力。师范教育需要适应这一变革，培养教育者能够设计和组织合作学习活动。

3. 反思性教育的推动

反思性教育要求教育者不仅要注重教学效果，还要反思自己的教学方式和方法。这种教学方法强调在实践中不断反思、调整和改进，使教育者更有教育智慧。师范教育需要引导教育者培养反思性思维，不断提升教学水平。

（四）技术融合与在线师范教育

1. 技术融合的必要性

随着信息技术的飞速发展，技术融合已经成为现代教育的一项重要趋势。师范教育也需要适应这一趋势，将技术融合纳入师范教育的范畴。这包括但不限于在线教育平台的应用、虚拟实验室的建设、教育数据分析等方面。

2. 在线师范教育的兴起

随着互联网技术的普及，在线师范教育逐渐崭露头角。这种模式打破了地域的限制，使得更多有志于成为教育者的人能够获得师范教育的机会。在线师范教育不仅提供了更加灵活的学习方式，也促进了教育资源的共享。

3. 技术对教育者角色的重新定义

技术的融合使教育者的角色发生了重要变化。教育者不再是传统的知识传授者，更是学生学习过程的引导者、技术运用的专家。师范教育需要重视培养教育者在技术应用上的能力，使其能够灵活运用各类技术手段进行教学。

（五）面临的挑战与未来应对策略

1. 挑战：教育资源不均衡

在技术融合过程中，一些地区可能因为基础设施、师资力量等方面的不足而面临教育资源不均衡的问题。这也可能影响师范教育的均衡发展。

应对策略：政府应加大对教育资源的投入，建设更加智能化、信息化的教育基础设施，同时推动教育资源的跨区域共享。

2. 挑战：师资队伍培养与更新

随着教育模式的变革，师资队伍需要适应新的教学理念和技术手段。一些传统的教育者可能需要进行再培训，以适应新时代的教育需求。

应对策略：制定并实施师资队伍培训计划，提供针对性的培训课程，鼓励教育者参与学科更新和技术培训，不断提高其教学水平。

3. 挑战：个性化教育的实现

个性化教育理念的兴起意味着对教育者提出了更高的要求，要求其更加关注学生的个体差异，提供更加个性化的教学服务。这对师范教育提出了挑战，需要培养更具教育创新力的教育者。

应对策略：在师范课程中加强对个性化教育理念的培训，注重培养教育者的心理辅导和个性发展能力，使其能够更好地满足学生的个性化需求。

4. 挑战：教育技术的融入

教育技术的不断发展和应用需要教育者具备一定的技术水平。一些教育者可能因技术应用水平不足而感到压力，尤其是一些传统教育者。

应对策略：引入相关的教育技术培训，提供在线学习资源，鼓励教育者积极学习和运用先进的教育技术。

教育背景的变革为师范教育带来了新的机遇和挑战。在变革的浪潮中，师范教育需要紧跟时代步伐，更新教育理念、拓展课程内容、创新教学方法，并充分利用技术手段，培养更加符合时代要求的优秀教育者。只有这样，师范教育才能更好地服务于学生的成长，推动教育事业不断向前发展。

二、社会需求与师资供给的矛盾

随着社会的不断发展，教育作为社会的基石之一，其在培养人才、传承文化、促进社会进步等方面的作用愈发凸显。然而，当前社会需求与师资供给之间存在一定的矛盾，这一矛盾在师范教育领域表现得尤为突出。下面将深入探讨社会需求与师资供给之间的矛盾，分析其根本原因，并提出相应的应对策略。

（一）社会需求的多元化

1. 知识结构的变化

随着社会的发展，知识结构发生了深刻的变化。传统的知识体系逐渐无法满足现代社会的需求，新兴领域和交叉学科的涌现使得对教育者的知识需求更加多元化。

2. 技能需求的提升

除了传统的学科知识外，社会对教育者的技能要求也在不断提升。创新能力、团队协作能力、信息技术应用能力等方面的要求日益成为教育者必备的素养。

3. 个性化需求的崛起

学生个体差异的认可和尊重使得教育的个性化需求逐渐凸显。社会对能够满足不同学生特点的教育者的需求日益增加。

（二）师资供给的挑战

1. 师资队伍结构老化

当前的师资队伍结构普遍较为老化，老一辈教育者的知识和经验难以完全适应新时代的教育需求。这导致一些老师在应对新兴知识和技能方面存在一定的滞后性。

2. 师资队伍数量不足

一些地区和学科领域仍然存在师资数量不足的问题，特别是一些新兴领域和薄弱学科，缺乏高水平的专业人才从事教育工作。

3.师范教育的滞后性

师范教育的内容和方式相对滞后，无法及时适应社会需求的变化。一些传统的师范教育模式未能有效培养适应新时代需求的优秀教育者。

（三）矛盾产生的根本原因分析

1.教育理念滞后

传统的教育理念仍然影响着师范教育，重视纯粹的学科知识传授而忽视了学生综合素质和能力的培养。这使得培养出来的教育者更偏向于传统模式，与现代社会需求存在较大差异。

2.师范教育体系的僵化

师范教育体系的设置和管理相对固定，灵活性不足。一些学科和专业的迅猛发展使得师范教育体系无法及时调整和更新，从而导致了供需矛盾的加剧。

3.社会对师范教育的认知不足

一些社会成员对师范教育的认知仍然停留在传统的观念上，认为教育只需传授知识。这使得社会对师资队伍的多元化需求认知不足，难以提供更为积极的支持。

（四）应对策略

1.更新师范教育理念

师范教育需要更新其理念，注重培养学生的综合素质和能力。强调创新、实践、团队协作等方面的培养，使教育者更好地适应社会多元化需求。

2.优化师范教育课程

调整和优化师范教育的课程设置，更加灵活地适应不同学科和专业的发展。强化实践环节，使学生能够更好地掌握所学知识和技能。

3.加强师资队伍建设

通过培训、进修等方式，不断提高师资队伍的整体水平。引入年轻有为的教育者，加强老师与新知识、新技术的融合。

4.促进跨学科教育

推动跨学科教育，打破传统学科壁垒。培养具备多学科知识的教育者，更好地适应社会对知识交叉的需求。

5.加强社会对师范教育的认知

加强对师范教育的宣传和推广，提高社会对师范教育的认知度。通过媒体、社交平台等渠道，展示师范教育的现代化、多元化特色，使社会更全面地理解师范教育的重要性。

6. 推动师范教育与社会需求的深度对接

建立与社会各行业、企事业单位的深度合作机制，了解实际用人需求。在课程设计和培养方案中充分考虑社会对人才的需求，使师范教育更贴近社会实际。

7. 创新评价体系

建立更为科学、全面的师范教育评价体系，不仅仅注重传统的学科知识水平，还要关注学生创新能力、实际操作能力等方面的发展。通过多元化的评价方式，更全面地反映学生的综合素质。

（五）加强国际交流与合作

通过与国际先进师范教育机构的合作，吸收国外的先进经验和理念。引进国外优秀教育者，加强师资队伍的国际化水平。同时，鼓励本国教育者参与国际性的学术交流和研究，提升整体师资队伍的水平。

社会需求与师资供给的矛盾是当前师范教育面临的重要问题，解决这一矛盾需要全社会的共同努力。通过更新教育理念、优化课程设置、加强师资队伍建设、推动跨学科教育等一系列措施，可以逐步缓解这一矛盾，使师范教育更好地服务于社会的发展需求，为培养优秀人才做出更大的贡献。师范教育的未来需要更加紧密地与社会的发展需求相结合，实现教育资源的优化配置，使得师资队伍更适应社会的多元化和个性化需求。

三、教育技术发展对传统师范教育的冲击

教育技术的迅速发展给传统师范教育带来了深刻的冲击，这种冲击不仅仅是一场技术变革，更是对教育理念、教学方法和师资培养模式的全面挑战。下面将从多个角度探讨教育技术发展对传统师范教育的冲击，并对未来教育的走向进行一些展望。

（一）教育技术的快速发展

教育技术的快速发展是当今社会的一大特点。信息技术的迅猛发展、互联网的普及、人工智能的崛起，都为教育领域的创新提供了丰富的资源和可能性。虚拟现实、人工智能教育软件、在线教育平台等新兴技术不断涌现，对传统教育模式产生了深远的影响。

（二）教育技术对传统师范教育的冲击

1. 教学方式的变革

传统的师范教育主要侧重于课堂教学和实习，而现代教育技术使得教学方式更加多样化。虚拟实验室、在线课程、教学视频等工具为学生提供了更为灵活的学习方式，使得教学更贴近学生的个性化需求。

2. 师资培养的重构

传统师范教育通常注重师范生的理论知识和实际操作能力的培养，而教育技术的崛起使得师资培养面临新的挑战。培养教师运用先进技术进行教学，以及适应技术变革带来的教育环境变化，成为新时代师资培养的重要任务。

3. 教育理念的转变

教育技术的普及和应用逐渐改变了人们的教育理念。传统的教育注重知识的灌输和考试成绩，而现代教育技术倡导的是学生参与、实践和创造性思维。这种理念的改变对师范教育提出了更高的要求，要求教育者更注重培养学生的创新和解决问题的能力。

4. 学科知识更新的压力

教育技术的发展速度快，更新换代也较为频繁，这给传统师范教育带来了巨大的知识更新压力。师资队伍需要不断学习新的技术知识，以便更好地应对教育技术的发展，将其融入实际教学中。

（三）教育技术与传统师范教育的融合

虽然教育技术给传统师范教育带来了一系列的冲击，但同时也为其发展提供了新的机遇。教育技术与传统师范教育的融合可以使得教育更加高效、灵活和创新。

1. 在线教育平台的兴起

在线教育平台为师范生提供了更为便捷的学习途径。通过这些平台，师范生可以随时随地学习相关知识，拓宽视野，提高综合素养。这也为师范生提供了更广泛的交流和学习机会。

2. 虚拟实践环境的建设

利用虚拟实践环境，师范生可以在模拟的教育场景中进行实际操作，提高实践能力。这对那些实习机会有限的地区尤为重要，也为师范生提供了更安全、更丰富的实践经验。

3. 个性化学习的推动

教育技术的发展使得个性化学习更加容易实现。通过智能化的教育软件和系统，师范生可以根据自己的学习兴趣和水平进行个性化学习，提高学习效果。

4. 教育大数据的应用

教育大数据的应用可以帮助学校更好地了解学生的学习情况，为师范生提供个性化的辅导和指导。通过大数据分析，学校可以更好地调整教学计划，满足学生的需求。

（四）未来展望

教育技术的发展对传统师范教育提出了新的挑战，但也为其带来了新的机遇。未来，我们可以期待教育技术与传统师范教育更深入地融合，形成一种更为先进、更具创新性的教育模式。以下是对未来发展的一些展望：

1. 个性化师范教育

教育技术的发展将进一步推动个性化教育的实现。未来的师范教育可能更注重根据个体差异提供定制化的培训方案，以满足不同学生的需求。通过智能化的教育系统，师范生可以更灵活地选择学习内容和学习路径，促使他们更好地发展自己的专业特长和兴趣。

2. 跨学科融合

随着技术的发展，教育将更多地涉及跨学科知识。未来的师范教育可能更加注重将教育技术与心理学、神经科学等领域相结合，深入探讨学习过程和教学方法背后的科学原理。这将帮助培养更具综合素养的教育者，能够更好地理解和应对学生的学习需求。

3. 全球化师范教育

教育技术的普及使得信息可以迅速传播，师范教育也将更加全球化。未来的师范生可以通过在线平台接触来自世界各地的教育理念和实践经验，促使他们更好地适应多元文化的教学环境。全球化的师范教育也将推动国际的教育合作，促进教育资源的共享和交流。

4. 教育技术在实践中的深化应用

未来的师范教育将更加强调实践性。教育技术不仅仅是一种理论工具，更是一种能够在实际教学中产生积极影响的工具。师范生将更多地接触到虚拟实践、在线协作教学等技术应用，培养他们更好地运用技术进行实际教学的能力。

5. 教育伦理和安全问题的重视

随着教育技术的广泛应用，涌现出了一系列的伦理和安全问题。未来的师范教育需要更加重视教育技术的伦理使用和数据安全问题，培养师范生对科技应用的责任心和审慎意识，以确保技术的应用是安全和符合道德规范的。

教育技术的迅速发展对传统师范教育带来了深刻的冲击，但同时也为其提供了丰富的发展机遇。未来的师范教育有望实现更个性化、全球化、跨学科融合的发展，更加注重实践和伦理问题。这需要教育机构、教育者以及相关政策制定者共同努力，确保教育技术的应用更好地服务于教育的本质目标，即培养具备创新能力、全球视野和社会责任感的未来教育者。

四、跨学科教育的需求与师范教育的调整

（一）导论

随着社会的不断发展，知识领域的日益扩展和交叉，跨学科教育成为当今教育领域的一个重要议题。跨学科教育强调在不同学科之间建立联系，培养学生的综合素养和解决问题的能力。在这一趋势下，师范教育也需要进行相应的调整，以满足未来教育领域的需求。

（二）跨学科教育的需求

1.全面发展的需求

传统的学科教育往往使学生过于专注于某一领域，而缺乏对其他学科的了解。跨学科教育能够帮助学生全面发展，培养他们更广泛的知识基础和综合素养，使其具备更强大的适应能力。

2.解决现实问题的需求

现实问题往往不局限于某一学科，而是需要多学科的综合知识和技能来解决。跨学科教育可以培养学生更好地理解和解决复杂的现实问题的能力，促使他们在实际工作和生活中更具竞争力。

3.培养创新思维的需求

跨学科教育有助于培养学生的创新思维，激发跨界合作的潜力。在解决交叉学科问题的过程中，学生需要学会运用不同学科的知识，提高他们的创造和创新能力。

4.适应职场变化的需求

现代职场对员工的要求越来越多样化，不仅需要专业深度，还需要跨学科的综合能力。跨学科教育有助于培养学生更好地适应职场变化，胜任不同领域的工作。

（三）师范教育的调整方向

1.整合课程设置

传统师范教育过于注重学科专业知识，忽视其他领域的综合培养。师范教育需

要调整课程设置，整合不同学科的知识，使师范生能够更全面地理解教育的复杂性。

2. 跨学科研究与实践

培养师资力量需要强调跨学科研究与实践。师范生在实习和实践中，可以跨足多个学科领域，学会运用多学科知识解决实际教育问题，提高解决问题的能力。

3. 教育技术与跨学科教学融合

教育技术在跨学科教学中扮演着重要的角色。师范教育可以整合信息技术、虚拟实验室等工具，打破学科之间的壁垒，使跨学科教学更加生动和实际。

4. 国际交流与合作

加强国际交流与合作是培养跨学科师资力量的重要途径。师范学校可以与国外教育机构合作，引入国际化的教育理念和经验，促进师范生更好地理解全球教育趋势和多元文化。

（四）挑战与应对策略

1. 师资队伍的培养

培养具备跨学科教育理念的师资队伍是一个长期而艰巨的任务。学校需要加大对教师的培训力度，提升他们的综合素养，使其能够更好地融入跨学科教学中。

2. 课程设计和调整

跨学科教育需要课程的全面设计和调整。学校可以引入新的课程，强调跨学科内容的整合，同时调整现有课程，使其更符合跨学科教学的需求。

3. 教育资源的整合

跨学科教育需要更广泛的教育资源支持。学校可以与其他学科强项的机构、研究中心等建立合作关系，共享教育资源，为师范生提供更多元化的学习机会。

4. 学科界限的打破

传统上，学科之间存在严格的界限，这对跨学科教育提出了挑战。学校可以鼓励师生参与跨学科研究项目，推动学科之间的交流与合作，促使师范生更好地理解和运用不同学科的知识。

5. 持续创新和改革

跨学科教育需要学校保持对教育模式的持续创新和改革。定期评估课程设置、教学方法，根据教育领域的发展变化进行调整，确保师范生接受的教育是切实符合时代需求的。

跨学科教育是应对当今社会复杂性和变革的一种重要方式，而师范教育的调整与跨学科教育的发展密切相关。通过整合课程、加强实践、推动国际交流、培养创新思维，师范教育可以更好地满足未来教育领域对跨学科综合能力的需求。这不仅有助于培养更具综合素质的教育者，也能为学生提供更广泛、更深入的学习体验，促进教育的不断创新和进步。在这个过程中，教育者和决策者需要共同努力，为师范教育的跨学科发展创造良好的环境和条件。

第三节　师范教育的重要性

一、教师在社会发展中的核心作用

教育是社会发展的基石，而教师作为教育系统的中坚力量，承担着培养人才、传递知识、引导学生发展的重要责任。教师不仅是知识的传递者，更是社会变革的推动者和文化传承的守护者。下面将深入探讨教师在社会发展中的核心作用，包括其对个体发展、社会文明、经济繁荣等多个层面的积极贡献。

（一）教师与个体发展

1. 个性化教育

教师通过了解每个学生的兴趣、特长和潜能，能够为其提供个性化的教学方案。个性化教育能够更好地满足学生的学习需求，激发他们的学习兴趣，帮助其更好地发展自己的优势。

2. 价值观培养

教师不仅是知识的传递者，更是价值观念的引导者。通过言传身教，教师有助于塑造学生正确的人生观、价值观，培养他们积极向上的心态和社会责任感。

3. 技能与素养的培养

教师在教学中不仅传授学科知识，还培养学生的综合素养和实践能力。这包括批判性思维、沟通技能、团队协作等，为学生未来的社会参与和职业发展打下坚实基础。

（二）教师与社会文明

1. 文化传承

教师是文化传承的重要纽带。通过对文学、历史、艺术等人类文明的传授，教师有助于培养学生对文化的认同感和文明的传承意识。

2. 社会道德建设

教育不仅仅是知识的传递，更是对社会价值观的引导。教师在教学过程中要注重培养学生的社会责任感、道德观念，使他们具备良好的社会公民素养。

3. 跨文化理解

随着全球化的加深，跨文化理解成为重要的素养。教师通过国际交流、跨文化课程设置等方式，帮助学生理解不同文化之间的差异，促进全球文明的交流与融合。

（三）教师与经济繁荣

1. 人才培养

教师是人才培养的关键环节。培养具备创新精神、实践能力和团队协作精神的学生，对社会经济的繁荣和创新能力的提升有着直接的促进作用。

2. 职业培训

教师在职业教育中发挥着重要作用。通过为学生提供实用的职业技能培训，教师不仅能够促进个体就业，还能够提高整个社会的生产力水平。

3. 创业精神的培养

在现代社会，创业精神对社会的经济发展至关重要。教师通过激发学生的创新意识和创业能力，为未来社会创业家的培养做出积极贡献。

（四）教师的专业发展与社会责任

1. 不断学习

教育领域的知识更新日新月异，为了更好地满足社会需求，教师需要保持不断学习的态度。专业发展不仅使教师自身保持活力，也能够为学生提供更丰富、更新颖的教育资源。

2. 社会参与

教师不仅仅在教育领域中发挥作用，还应积极参与社会事务。通过参与社区服务、社会公益活动等，教师不仅能够为社会发展贡献力量，还能够向学生树立积极的社会参与榜样。

3. 个体辅导

教师在教学过程中应注重对学生个体的关怀和辅导。通过了解学生的个人需求和困扰，教师可以更有针对性地进行教育引导，为学生的健康成长提供更好的支持。

（五）教师的社会影响力

1. 塑造未来领导者

教师对学生成长的影响不仅体现在他们的学科知识上，更表现在塑造未来社会领导者的能力上。通过培养学生的领导力、团队协作能力，教师为社会的未来培养了有担当、有远见的领导者。

2. 形成社会风气

教师的言行举止对学生有深远的影响，也影响着整个社会的风气。教师的责任在于树立正确的行为榜样，引导学生养成积极向上的品质，促使整个社会形成阳光、健康的氛围。

3. 社会变革的引领者

教师在推动社会变革中扮演着积极的角色。通过教育的力量，教师能够培养具有创新精神的学生，推动社会结构的调整和发展。

（六）面临的挑战与应对策略

1. 技术变革与教育创新

面对科技的快速发展，教师需要适应新的教学工具和教学方法。持续的教育培训和专业发展计划是帮助教师适应变革的重要途径。

2. 多元文化与跨文化交流

全球化背景下，多元文化成为一个挑战，同时也是一个机遇。教师需要加强对多元文化的理解，提高跨文化交流的能力，以更好地满足不同学生的需求。

3. 教育资源不均衡

教育资源不均衡是社会面临的一个严峻问题，教师在这方面既是受影响的一方，也是改变的关键。教师可以积极倡导平等教育，参与社会公益活动，为改善教育资源分配贡献力量。

4. 课程压力与学生负担

过于繁重的课程压力和学生的学业负担是一个普遍存在的问题。教师可以通过调整教学方式，引入更富有创意和趣味性的教学方法，减轻学生的学业压力。

教师作为社会发展的中坚力量，其核心作用不仅体现在知识传递上，更涉及个体的全面发展、社会文明的传承、经济的繁荣等多个方面。教师的责任是巨大而光荣的，需要不断适应社会发展的需求，具备跨学科的知识背景和创新能力。同时，社会也需要给予教师足够的支持与尊重，以激发其更大的潜能，更好地为社会培养未来的人才和领导者。在共同的努力下，教师将继续发挥核心作用，为社会的可持续发展贡献力量。

二、师范教育对提升教师素质的重要性

教育是社会进步和人类发展的基石，而教师作为教育系统的中坚力量，其素质直接关系着教育质量和学生成长发展。师范教育作为培养和提升教师素质的主要途径，其重要性不可忽视。下面将探讨师范教育对提升教师素质的重要性，包括其在专业知识、教学技能、职业道德等方面的培养作用。

（一）师范教育的定义和作用

1. 师范教育的定义

师范教育是一种专门为培养和提升教师素质而设置的教育体系。它涵盖了教育学、心理学、课程与教学论等专业知识，同时注重培养教学技能、专业素养和职业精神。

2. 师范教育的作用

专业知识的传递：师范教育为未来教师提供系统的教育学、心理学等专业知识，使其具备教学和课程设计的理论基础。

教学技能的培养：师范教育注重培养教师的实际操作能力，包括教学设计、课堂管理、评价与反馈等方面的技能。

职业道德的塑造：师范教育强调培养教师的职业操守、道德情操，使其具备正确的价值观和职业道德。

（二）提升教师专业知识的重要性

1. 教育学的深入理解

师范教育使教师能够深入理解教育学的理论体系，包括教育的心理学基础、学习理论、课程设计等方面的知识。这为教师在实际教学中更好地应用理论提供了支持。

2. 科学研究方法的应用

师范教育培养教师运用科学研究方法解决教育问题的能力。这不仅有助于提高教学质量，还能够促进教育领域的发展。

3. 跨学科知识的整合

现代教育往往需要跨学科的知识来解决问题。师范教育使教师具备整合跨学科知识的能力，更好地应对多元化的教育需求。

（三）培养教师教学技能的意义

1. 课程设计与组织能力

师范教育注重培养教师的课程设计与组织能力，使其能够设计富有创意和针对学生需求的教学方案，提高教学效果。

2. 有效的教学方法与策略

通过师范教育，教师学会运用多样化的教学方法和策略，适应不同学生的学习风格，提高课堂教学的灵活性和针对性。

3. 教育技术的应用

现代教学中教育技术的应用愈发重要，师范教育使教师了解并掌握教育技术，能够运用多媒体、在线教学等手段提高教学效果。

（四）重视职业道德对教育的积极影响

1. 塑造良好的师德风范

师范教育通过课程设置、案例分析等方式，培养教师具备良好的师德风范，使其在教育实践中起到榜样作用。

2. 营造积极的教育氛围

教师的职业道德对学校的教育氛围产生深远影响。师范教育有助于培养教师积极向上、敬业负责的职业态度。

3. 增强教育者的社会责任感

通过师范教育，教师能够更加深刻地理解自己在社会中的责任，更好地履行教育者的社会责任。

（五）师范教育的不足与改进

1. 实践环节不足

一些师范教育体系过于注重理论知识的传授，实践环节相对不足。改进的方法包括加强实习教学、提供更多的实际案例以及与学校或社会机构的合作，使教师在实际教育场景中能够更好地应用所学知识。

2. 教育科技融入不足

随着教育科技的迅猛发展，师范教育需要更好地融入这一趋势。教育科技的应用可以提升教学效果，师范教育应更注重培养教师运用新技术的能力。

3. 跨学科综合能力培养有待加强

现代社会对教师的要求不仅仅在于专业知识，还需要具备跨学科的综合能力。因此，师范教育应当更加注重培养教师的跨学科思维和综合应用能力。

（六）师范教育的未来发展方向

1. 注重实践经验的积累

未来的师范教育需要更加注重实践经验的积累，使教师能够在实际教学中更加游刃有余，更好地适应不同学生的需求。

2. 教育科技与在线教育的整合

未来的师范教育应充分整合教育科技，借助在线教育平台提供更灵活、多样的学习机会，推动师范生更好地应对数字化时代的挑战。

3. 强化跨学科教育

未来社会对教育者的要求将更强调跨学科综合能力。因此，师范教育应强化跨学科教育，培养教师具备更全面的知识结构和应对复杂问题的能力。

4. 推动国际交流与合作

师范教育可以通过积极推动国际交流与合作，引进先进的教育理念和经验，提高师范生的国际视野，使其具备更强的全球化背景下的竞争力。

师范教育对提升教师素质具有不可替代的重要性。通过传递专业知识、培养教学技能、强化职业道德，师范教育塑造了一代代优秀的教育者。然而，仍然需要不断改进和创新，使师范教育更贴近实际教学需求，更符合时代发展的要求。未来，随着社会的不断变化，师范教育需要更好地适应新的教育背景，培养更具综合素质和创新能力的教育者，为社会的可持续发展做出更大的贡献。师范教育的发展不仅仅关系着教师个体的成长，更关系着整个社会的进步与繁荣。

三、师范教育对学生综合素养的培养

学生综合素养的培养是教育的核心目标之一。而师范教育，作为培养未来教育者的关键阶段，其任务之一就是塑造学生的全面素养。下面将深入探讨师范教育对学生综合素养的培养，包括在知识层面、技能层面以及情感与价值观的培养方面所发挥的作用。

（一）知识层面的培养

1. 学科知识的深度和广度

师范教育注重为学生提供坚实的学科知识基础。通过系统的教育学、心理学等专业课程的学习，学生能够深入了解教育的理论框架和相关领域的知识，为将来的教学实践提供坚实的理论支持。

2.跨学科知识的整合

现代教育需要综合运用不同学科的知识来解决复杂的问题。师范教育通过设计跨学科的课程，培养学生整合各种学科知识的能力，使其更好地应对未来教学中的多元挑战。

3.教育科技的应用

师范教育致力于使学生掌握并善于运用教育科技。这不仅包括使用现代教学工具，还涉及在线教育、远程教育等新兴教育形式的应用。这样的培养有助于学生更好地适应数字时代的教学环境。

（二）技能层面的培养

1.优秀的教学设计与组织能力

师范教育通过实践课程和教学实习，培养学生设计和组织教学的能力。这包括制定课程计划、选择教材、设计课堂活动等方面的技能，使学生能够在实际教学中胜任。

2.多样化的教学方法与策略

学生需要在师范教育中学会灵活运用多样化的教学方法和策略。通过实际教学实践，学生能够了解并运用适合不同学生群体和不同学科的教学策略，提高他们的适应性和反应速度。

3.教育评估与反馈

师范教育培养学生的教育评估与反馈能力。学生需要学会设计合理的考核方式，能够准确地评估学生的学习成果，并提供有针对性的反馈，帮助学生更好地发展。

（三）情感与价值观的培养

1.教育情感态度的培养

师范教育强调培养学生积极、阳光的教育情感态度。这包括对学生的关爱、尊重，对教育事业的热爱和责任感。通过师范教育的塑造，学生能够成为有温暖、有爱心的教育者。

2.职业道德的培养

在师范教育中，学生接受专业伦理和职业操守的培养。这使得他们在未来的教学过程中能够坚守职业道德，保持专业操守，对学生负责。

3.多元文化与包容性教育观念的培养

现代社会充满多元文化，师范教育通过相关课程培养学生具备包容性的教育观念。学生需要理解并尊重不同文化背景的学生，创造一个多元、包容的学习环境。

（四）实践体验与实习的重要性

1. 实践体验的价值

师范教育不仅仅是传授理论知识，更要注重实践体验。通过实地考察学校、参与教学实践，学生能够更全面地了解教育现场的挑战和机遇，提前适应未来的工作环境。

2. 教学实习的作用

教学实习是师范教育的一个重要环节。在实际课堂中，学生能够亲身体验教学的喜悦与挑战，学到在理论中难以获取的实用经验，加深对教育工作的认识。

3. 反思与成长

实践经验能够帮助学生形成对教育实践的反思机制。在实践中发现问题、总结经验，师范生能够更好地调整自己的教学方法，不断优化教学设计，实现教学的有效性和个体化。

（五）师范教育的挑战与应对策略

1. 科技发展带来的变革

随着科技的快速发展，师范教育需要适应新的教育技术和在线教学工具的使用。为此，师范教育需要不断更新教学内容，提高教师对新技术的应用能力。

2. 教育多样性的挑战

学生的背景、能力和兴趣的多样性是师范教育的挑战之一。师范教育需要在培养学生多元化素养的同时，为学生提供个性化的发展路径，更好地满足他们的需求。

3. 教育价值观的碰撞

不同的教育观念和价值观可能在师范教育中碰撞，学生可能面临来自不同文化和背景的观点。师范教育需要提供开放、包容的学习环境，引导学生尊重多元化的教育理念。

4. 社会需求的变化

社会对教育者的需求不断变化，这要求师范教育更加灵活地调整课程设置，确保学生毕业后能够迅速适应社会变化。

（六）未来师范教育的发展方向

1. 强化实践导向

未来的师范教育应更加强化实践导向，加大实习和实践环节的时间和力度，使学生能够更早地接触真实的教育环境，提高他们的实际操作能力。

2.发展跨学科教育

未来社会需要更具综合素质的教育者，师范教育应促进跨学科知识的整合，使学生能够更好地应对复杂多变的教育挑战。

3.整合教育科技

未来的师范教育需要更好地整合教育科技，培养学生在数字化环境下的教学能力，使他们能够更好地利用现代技术手段进行教学。

4.倡导教育创新

未来的师范教育要鼓励教育创新，培养学生具备创新精神和实践能力，使他们成为推动教育改革的先锋。

师范教育对学生综合素养的培养具有重要意义。通过知识、技能和情感的全方位培养，师范教育旨在培养具备坚实专业知识、灵活教学技能以及积极的教育情感和职业操守的教育者。面对未来的挑战，师范教育需要不断更新自身，适应社会的发展需求，为学生提供更加全面、贴近实际的培养。通过不断探索与创新，师范教育将继续发挥重要作用，培养出更多具备高素质的教育人才，为社会的进步和可持续发展贡献力量。

第四节　教学改革的必要性

一、当前师范教育存在的问题

师范教育是培养未来教育工作者的关键环节，对整个社会的发展和人才培养有着深远的影响。然而，当前师范教育也面临着一系列问题与挑战，这不仅影响着教育者的素质，也关系着整个教育体系的健康发展。下面将探讨当前师范教育存在的问题，并尝试提出解决问题的一些建议。

（一）知识传递与应用不足

1.狭窄的学科视野

部分师范生在专业知识的学习中过于侧重教育学、心理学等专业，却对学科知识掌握不足。这影响了他们对多学科整合的理解和应用。

2.教学理论与实际脱节

一些师范课程过于理论化，缺乏实际教学经验的培养。学生在毕业后面临教学实践时可能会感到无所适从，理论知识与实际操作的脱节成为问题。

3. 科技教育融合不足

随着科技的发展，师范生应具备运用教育技术的能力。然而，有些师范教育仍未充分整合信息技术，导致毕业生在数字化时代的教学环境中感到不适应。

（二）教学技能培养不够充分

1. 缺乏多样化的教学方法

一些师范教育过于注重传统的教学方法，缺乏创新和多样性。这使得师范生在面对不同学生和教学场景时可能缺乏应对的策略。

2. 实习机会不足

学生在师范教育期间的实际教学实习机会相对较少，导致他们在毕业后初次进入真实教学环境时可能感到措手不及。

3. 教育评估技能不足

师范生在教育评估方面的培训相对不足，导致他们难以准确评估学生的学习水平，提供有效的反馈。

（三）职业道德与人文关怀不足

1. 缺乏职业操守的培养

一些师范生在培养过程中未能充分理解和内化教育工作者的职业操守，可能在实际工作中面临道德困境。

2. 对多元文化的关注不足

师范教育缺乏足够的课程来培养师范生对多元文化的敏感性和理解，这使得一些教育者在面对不同背景的学生时可能存在偏见或误解。

3. 缺乏人文关怀

师范生在培养过程中，有时缺乏对学生个体差异的人文关怀，导致他们在实际教学中难以建立积极的师生关系。

（四）师范教育的体制问题

1. 教育资源分配不均衡

一些地区的师范教育资源相对匮乏，教育质量难以得到保障，而大城市的教育资源相对丰富。这造成了不同地区师范生的素质差异。

2. 培养目标与社会需求脱节

一些师范教育体系的培养目标与实际社会需求存在脱节，毕业生可能在求职市场上面临适应困难。

3.教育评价机制不合理

一些师范教育中存在过于注重应试教育，忽视对学生创造力、实际操作能力的全面评价。这导致一些师范生在毕业后可能在实际教学中难以创新和应对多变的教育需求。

（五）师资队伍建设不足

1.师资水平参差不齐

一些师范学校的师资队伍水平参差不齐，导致教学质量无法得到充分的保障。一些教师可能在教学理念、教育技术应用等方面存在滞后。

2.缺乏实践经验的教师

有些教师缺乏实际教学经验，使得他们在指导学生实习和解决实际问题时显得力不从心。

3.师范师资队伍流动性大

由于一些地区师范学校条件、待遇等方面的限制，师范师资队伍的流动性相对较大。这可能导致教学团队的不稳定，难以形成长期的教育团队协作氛围。

（六）评价体系与质量监控问题

1.缺乏全面的评价指标

一些师范教育机构的评价体系过于偏重学科知识的考核，而忽略了教学技能、职业道德和实践能力等方面的评价。这使得毕业生在实际教学中可能存在综合素质不足的问题。

2.质量监控不足

师范教育的质量监控机制相对不足，一些学校可能缺乏对教学质量的有效监督。这导致一些问题可能长期存在而未能得到及时纠正。

（七）社会认知与职业地位的不足

1.社会对师范生的认知不足

相对其他专业，师范生在社会上的认知度可能相对较低。这可能会影响一些有志于从事教育工作的学生的专业选择。

2.教育行业职业地位相对较低

与其他行业相比，教育行业的职业地位可能相对较低，包括薪资水平、社会地位等。这可能降低了一些有潜力的学生选择师范教育的积极性。

（八）解决问题的建议

1. 加强实践导向的教学

师范教育应更加注重实践导向的教学，增加实习机会和教学实践课程，使学生能够在真实的教育环境中积累经验，提高实际操作能力。

2. 优化课程设置

调整课程设置，使师范生在学科知识、教育理论和实际教学技能等方面取得平衡发展。增加跨学科课程，培养学生跨领域思维和应用知识的能力。

3. 引入新的教育理念

师范教育应引入先进的教育理念，包括启发式教学、个性化教育等，以适应社会对教育模式的不断变革。

4. 提升师资队伍水平

加强师资队伍建设，提升教师的学科水平、教学技能和实践经验。建立定期的教育培训体系，保障教师的持续发展。

5. 拓展教育实践渠道

与学校、社区等合作，拓展师范生的实际教育实践渠道。为师范生提供更多与学生互动、实际操作相关的机会，促进其全面素养的培养。

6. 加强教育科技整合

推动师范教育与教育科技的深度整合，培养师范生更好地利用先进技术进行教学。提供相关培训，使师范生熟练运用现代教育技术。

7. 完善评价与监控机制

建立更全面、科学的评价体系，综合考量学科知识、教学技能、职业操守等方面的表现。加强对师范教育的监控力度，及时发现问题并采取有效措施。

8. 提升教育行业地位

倡导社会对教育行业的尊重与关注，提高教育者的社会地位。同时，加大对教育者的薪资福利、职业发展机会等方面的支持，激发更多有才华的学生选择师范教育。

师范教育作为培养未来教育从业者的关键领域，需要认真面对当前存在的问题与挑战。通过加强实践导向的教学、优化课程设置、引入新的教育理念，以及提升师资队伍水平等一系列措施，师范教育有望更好地适应时代变革和社会需求。

在解决问题的过程中，各级政府、教育机构、社会组织以及教育从业者都应发挥积极作用。政府应当提供更多的资金支持，优化教育资源分配，推动师范教育体系的整体提升。教育机构应当积极探索先进的教育理念，灵活调整课程设置，吸引和培养更多具有创新精神的教育者。社会组织和行业协会可以发挥桥梁纽带的作用，推动教育领域的合作与共享，促进经验和资源的流动。

最终，解决师范教育中存在的问题需要多方共同努力，形成合力。通过不断地优化教育体系，提升师范生的综合素养，师范教育才能更好地履行其培养教育从业者的使命，为构建更加公平、高效、创新的教育体系贡献力量。希望在各方的共同努力下，师范教育能够更好地适应时代的发展，培养更多优秀的教育者，为社会进步和人才培养做出更大的贡献。

二、教学改革对师范教育的推动作用

教学改革是推动教育体制变革、提升教育质量的关键手段之一。师范教育，作为培养未来教育者的主要途径，面临着应对社会变革、创新教学理念和方法的挑战。下面将深入探讨教学改革对师范教育的推动作用，涵盖教育理念、课程设计、教学方法、实践体验等多个方面。

（一）教学理念的更新

1.培养创新精神

教学改革推动师范教育更加注重培养学生的创新精神。传统的教学模式可能偏向知识的灌输，而现代教学改革强调学生的主动参与和创造性思维。师范教育通过更新教学理念，使学生能够在实践中培养解决问题的能力，激发他们的创新潜力。

2.强调实践导向

教学改革倡导实践导向的教学理念，即通过实际操作和实践经验来促进学生的学习。师范教育可以通过将理论知识与实际教学相结合，使学生在教育实践中更好地理解和应用所学内容。

3.个性化教育观念

教学改革强调个性化教育，认识到每个学生都是独特的个体，有着不同的学习方式和兴趣。师范教育在理念更新中应更加注重了解学生的个性差异，提供更为个性化的教育服务，使每位学生都能得到最有效的学习支持。

（二）课程设计的创新

1.跨学科课程设置

教学改革鼓励跨学科的教学，使学生能够更全面地理解问题和解决问题的方法。在师范教育中，跨学科课程可以帮助学生更好地整合教育学、心理学、学科知识等多个领域的知识，提高他们的综合素养。

2.实践性课程的增加

传统的师范课程可能过于理论化，教学改革倡导加强实践性课程的设计。通过增加实践性课程，如教学实习、实际案例分析等，可以让师范生更早地接触真实的教育场景，提升他们的实际操作能力。

3.教育科技的应用

教学改革推动着教育科技的广泛应用，为师范教育提供了更多的创新空间。虚拟教学平台、在线教育工具等技术手段可以丰富师范生的学习体验，培养他们运用先进技术进行教学的能力。

（三）教学方法的多样性

1.激发学生主动学习

传统的教学模式强调教师的讲解和传授，而教学改革倡导激发学生的主动学习。师范教育通过采用更多的问题解决、项目驱动等教学方法，激发学生的学习兴趣和积极性，使其更深入地参与到教学过程中。

2.合作学习与团队合作

教学改革强调合作学习和团队合作的重要性。在师范教育中，鼓励学生通过小组项目、协作教学等方式，培养他们的团队协作和沟通能力，使其在未来的教育工作中更好地与同事、家长和学生协同合作。

3.不同层次的评价与反馈

教学改革提倡多层次的评价和及时的反馈，以更全面地了解学生的学习状况。师范教育可以通过引入多种评价方式，包括考试、作业、项目评估等，帮助学生更好地了解自己的优势和不足，有针对性地调整学习策略。

（四）实践体验的强化

1.增加实习时间和机会

教学改革提倡更多的实践体验，师范教育可以通过增加实习时间和机会，让学生更早地接触真实的教育场景，感受教学的挑战与乐趣，提高实际操作的熟练度。

2.社会实践与社区服务

师范生参与社会实践和社区服务活动可以为其提供更多机会，使他们更好地了解社会多样性和学生的背景。通过参与社区服务，师范生能够在真实的社会环境中应用教育理论，培养对学生全面发展的关注和责任心。

3.实践性研究项目

教学改革鼓励实践性研究，师范教育可以通过引导学生参与实际的研究项目，让他们在解决实际问题的过程中提升自己的问题分析和解决能力。这样的实践性研究也能够促使师范生更深入地理解教育领域的挑战和机遇。

（五）专业素养的全面培养

1.师德师风的培养

教学改革倡导注重师德师风的培养，强调教育者的职业操守和社会责任感。师范教育应当通过案例教学、讨论等方式，引导学生认识到自身的社会责任，形成正确的教育理念和职业操守。

2.教育心理学的应用

教学改革强调理论联系实际，师范教育可以更好地将教育心理学的理论知识应用到实际教学中。通过深入了解学生的认知、情感和发展特点，师范生能够更有针对性地制定教学策略，提高教学的有效性。

3.跨文化教育的培养

由于社会多元化的发展，教学改革强调跨文化教育的重要性。师范教育应当注重培养师范生的跨文化意识和跨文化沟通能力，使其能够更好地应对不同文化背景学生的教育需求。

（六）师资队伍的专业发展

1.教师培训与专业发展

教学改革需要有一支充满活力和专业素养的师资队伍。师范教育机构应当加强教师的培训和专业发展，使其能够紧跟教育前沿、熟练运用新的教学方法和技术。

2.跨学科师资团队的构建

推动教学改革需要更多跨学科的合作。师范教育可以通过建设跨学科的师资团队，使各个学科领域的专家共同参与教学设计与研究，提升教育者的全球视野和综合素养。

3.师资队伍的激励机制

为了吸引和保留高水平的教育人才，师范教育机构需要建立科学的激励机制，包括薪酬福利、职业晋升等方面的激励，以提高师资队伍的整体素质。

（七）教学改革的挑战与应对策略

1.挑战：资源不足

教学改革需要投入更多的人力、物力和财力，而一些师范教育机构可能因资源有限而难以进行全面的改革。

应对策略：加强与政府、企业等多方面的合作，争取更多的支持和资源。可以通过建设教育实验室、引入企业赞助项目等方式，充实实践性教学资源。

2. 挑战：传统观念的抵制

一些教育从业者可能对传统的教学模式有着深厚的情感和认同，对新的教学理念和方法可能存在抵制。

应对策略：引导教育者正确理解和接受新的教学理念，通过培训和交流活动，逐步打破传统观念的束缚，提升他们的教育创新能力。

3. 挑战：教学改革需要时间

教学改革是一个渐进的过程，需要较长的时间才能真正见效。然而，一些师范教育机构可能面临来自学生、家长等多方面的压力，希望尽快见到改革成果。

应对策略：建立明确的改革计划和阶段性目标，同时加强对各方利益相关者的宣传和沟通，使其理解并支持教学改革的必要性和长期性。

教学改革对师范教育的推动作用是全方位的，涵盖了教育理念、课程设计、教学方法、实践体验、专业素养培养以及师资。

三、改革能够应对的社会变革和教育发展需求

队伍建设等多个方面。通过教学改革，师范教育可以更好地适应社会发展的需求，培养更具创新力和实践能力的教育从业者。

教学改革的推动作用体现在以下几个方面：

1. 培养创新意识与实践能力

教学改革引入创新的教学理念和方法，培养学生的创新意识和实践能力。这有助于师范生更好地适应快速变化的社会和教育环境，成为具有创新精神的教育者。

2. 提升教学质量与效果

通过更新教学理念和采用更多样化的教学方法，师范教育能够提升教学质量与效果。实践导向的教学、跨学科课程设置以及多元评价等策略有助于培养学生全面发展。

3. 加强实践体验与社会连接

教学改革强调实践导向的教学，使学生能够更早地接触实际教育场景，加深对教育实践的理解。通过社会实践和社区服务，师范生能够更好地理解学生的多样性和社会需求。

4. 更新课程设计与教学方法

教学改革推动师范教育更新课程设计，引入新的教学方法。这有助于学生更好地理解和应用教育理论，提升实际操作能力。

5. 促进师资队伍的专业发展

教学改革不仅对师范生有影响，也促进了师资队伍的专业发展。通过教师培训与专业发展，师资队伍能够更好地适应教育变革，提高教育质量。

6. 展望未来

未来，教学改革将继续在师范教育领域发挥积极作用。

7. 教育科技的更广泛应用

随着教育科技的不断发展，未来教学改革将更广泛地应用数字化技术、在线教育平台等工具，提升教学的灵活性和适应性。

8. 跨学科与国际合作的加强

未来的师范教育可能更加强调跨学科的合作，将不同领域的知识整合到教学中。同时，国际合作也将增加，促使师范生更好地了解国际教育发展趋势。

9. 强调教育的全面培养

未来的教学改革将更加强调全面培养，包括情感智力、创造力、团队合作等方面的发展。这将使师范生更全面地关注学生的身心健康和全面素养。

10. 社会实践的更深入

教学改革未来可能进一步推动社会实践的深入，将实践性研究、社区服务等活动融入更多课程，使学生更深度地参与到社会实践中。

11. 注重教师情感智能与人际关系

未来的师范教育将更加注重教师的情感智能和人际关系技能的培养，使其更好地与学生、家长以及同事建立良好的关系。

通过不断地进行教学改革，师范教育能够更好地适应社会变革，培养更具创新力和实践能力的教育从业者，为构建更加公平、高效、创新的教育体系贡献力量。希望在各方的共同努力下，教学改革能够为师范教育的可持续发展提供更多动力。

第二章 教学改革理论综述

第一节 教育改革理论的基本概念

一、教育改革的定义与内涵

教育是社会进步和个体成长的基石,而教育改革则是在不断变化的社会背景下,为了适应和引领社会需求而对教育体系进行的有计划、有组织的变革过程。教育改革的定义与内涵是一个深刻而复杂的主题,它不仅涉及教育理念、体制机制的变革,还牵涉课程设置、教学方法、评价体系等多个层面。下面将深入探讨教育改革的定义、内涵,以及推动教育改革的原因和方法。

(一)教育改革的定义

1.教育改革的基本概念

教育改革是指为了提高教育质量、适应社会变革和满足人才需求,对教育体制、教学内容、教育管理等方面进行的有计划、有组织、有系统的变革。它是一种对传统教育形式和理念的扬弃,是为了迎接时代挑战而对教育进行的深层次调整。

2.多元的定义视角

教育改革的定义并非一成不变,不同的视角可能产生不同的定义。从政策层面看,教育改革可能被定义为国家为了提高整体教育水平而进行的制度性变革;而从教学实践层面看,教育改革可能体现为一系列教学方法和手段的创新。

3.面向未来的定义

随着社会的不断发展,教育改革也需要面向未来,适应新的挑战和机遇。因此,教育改革的定义还应包括对未来教育趋势的研究,包括数字化技术、跨学科教育、个性化学习等方向的探索。

（二）教育改革的内涵

1. 教育理念的变革

教育改革的核心是教育理念的变革。传统教育理念可能强调知识的灌输和考试成绩，而现代教育理念更注重学生的创造性思维、实际应用能力、终身学习能力等多元素质的培养。

2. 教育体制的调整

教育改革通常伴随着教育体制的调整。这包括学制的变化、学科设置的调整、学校管理体制的改革等方面。调整教育体制旨在更好地满足社会需求和培养适应未来社会的人才。

3. 教学方法和手段的创新

现代教育需要不断创新教学方法和手段。从传统的讲授式教学向互动式、探究式教学转变，结合信息技术的发展，创造更为丰富多样的学习环境。

4. 评价体系的完善

教育改革也包括对评价体系的完善。传统的考试评价可能无法全面反映学生的实际能力，因此，教育改革需要引入多元化的评价方法，包括项目作业、实践考核、个性化评价等。

5. 师资队伍的培养与发展

教育改革涉及培养更高水平的教育从业者。这不仅仅包括对已有教育工作者的培训，还包括吸引更多高素质人才加入教育行业。

（三）推动教育改革的原因

1. 社会变革的压力

社会在不断发展变化，科技、经济、文化等方面的变革对人才需求提出了新的要求。教育体系需要不断调整，以适应社会发展的需要。

2. 人才培养的要求

现代社会对人才的要求已不再局限于专业知识，更强调创新能力、团队协作能力、跨文化沟通能力等素质。因此，教育需要更多地关注学生全面素质的培养。

3. 全球竞争的挑战

全球化带来了竞争的加剧，各国之间的人才竞争也日益激烈。为了提高国家的综合竞争力，各国纷纷加大对教育的改革力度，培养具有国际竞争力的人才。

4. 教育不平等问题

教育不平等一直是各国社会关注的焦点。教育改革的目标之一就是通过改革，减少教育资源的不平等分配，提高各个群体的教育机会平等。

5. 信息技术的发展

随着信息技术的飞速发展，教育方式和传播途径发生了天翻地覆的变化。现代学生生活在信息爆炸的时代，对传统教育提出了更高的要求。教育改革需要整合信息技术，为学生提供更为灵活、个性化的学习方式。

6. 未来就业市场的变化

未来的就业市场将对人才提出更高的要求，更加注重创新、团队协作、解决问题的能力。为了适应未来就业市场的需求，教育改革需要更加注重培养学生的实际操作和应用能力。

（四）推动教育改革的方法

1. 制定全面的改革方案

教育改革需要制定全面、系统的改革方案，包括教育理念的明确定位、教育体制的调整、师资队伍的培养、课程设置的优化等多个层面。这样的方案需要考虑到各方面的利益，形成可持续的改革机制。

2. 引入跨学科教育

跨学科教育可以拓宽学科边界，促进不同学科之间的合作。教育改革可以通过引入跨学科的课程设置和项目实践，培养学生更为全面的知识结构和综合素养。

3. 推动教育信息化

教育信息化是教育改革的重要方向之一。通过引入先进的教育技术，建设数字化教学平台，可以提高教学效率，拓宽学生的学习渠道，促进教育资源的共享。

4. 提高师资水平

师资队伍是推动教育改革的关键力量。为了提高师资水平，可以加强教师培训，鼓励教师参与国内外学术研讨会，引进优秀教师，建立激励机制，使教育从业者更具专业素养和创新能力。

5. 强化实践教学

实践教学是培养学生实际能力的有效手段。通过加强实践教学、实习实训，使学生能够更早地接触实际工作场景，提高解决问题的实际操作能力。

6. 加强家校合作

家庭是学生最早的教育环境，而家校合作是推动教育改革的一项重要举措。通过加强学校与家庭的沟通与合作，共同关注学生的成长，形成教育共同体。

7. 借鉴国际经验

教育改革是一个全球性的话题，各国都在进行探索。借鉴国际经验，学习其他国家的成功经验和教训，可以为本国的教育改革提供有益的启示。

（五）教育改革的挑战与应对策略

1. 挑战：利益关系复杂

教育改革涉及众多利益相关者，包括政府、学校、教育从业者、学生及其家长等。不同利益相关者之间可能存在矛盾，制约了改革的推进。

应对策略：建立多方参与的决策机制，充分听取各方意见，形成共识。同时，建立有效的激励和约束机制，推动各方积极参与改革。

2. 挑战：资源不足

教育改革需要大量的投入，包括财政、人力、物力等多方面的资源。而在一些地区或国家，资源可能相对有限。

应对策略：制定合理的资金分配方案，优化资源配置，引入社会资本，加强与企业、社会组织的合作，共同推动教育改革，实现资源的合理利用。

3. 挑战：传统观念的顽固

教育领域存在一些传统的观念和体制，一些人可能对变革持保守态度，难以接受新的教育理念和方法。

应对策略：进行大力的宣传和教育，引导公众正确理解和接受教育改革的必要性。通过举办研讨会、座谈会等活动，促进各方的交流与理解，逐步改变人们的观念。

4. 挑战：培训师资的难度

提高师资水平是教育改革的重要环节，但培训大量高质量的教育从业者需要耗费大量时间和精力。

应对策略：制定系统的培训计划，包括短期培训、长期培训和专业发展计划。提供各类培训资源，鼓励教师参与学术研究和实践活动，不断提升自身专业水平。

5. 挑战：全球化背景下的差异

在全球化的时代，各国面临的教育问题有一定的共性，但也存在着文化、历史、社会体制等方面的差异。

应对策略：在借鉴国际经验时，要充分考虑本国的实际情况，灵活运用，避免生搬硬套。同时，通过加强国际合作，促进教育经验的交流与共享。

6. 挑战：政策执行的困难

有时候，教育改革的政策制定并不等于成功地执行。执行过程中可能会遇到各种困难，包括教育机构的反对、教师的抵制等。

应对策略：制定切实可行的政策，提前进行充分的调查研究，了解基层实际情况。建立有效的监督和评估机制，确保政策能够得到有效的贯彻执行。

（六）教育改革的未来展望

1. 注重综合素养的培养

未来教育改革将更加注重学生综合素养的培养，包括创新力、团队协作能力、跨文化沟通能力等。不再仅仅强调知识的传授，而是更注重学生的全面发展。

2. 强调个性化学习

随着信息技术的发展，未来教育改革将更加注重个性化学习。通过大数据分析，精准了解学生的学习特点和需求，为其提供个性化的学习路径和资源。

3. 推动跨学科教育

未来教育改革将进一步推动跨学科教育。在不同学科之间建立更紧密的联系，培养学生的综合能力，使其能够更好地适应未来社会的发展。

4. 加强教育信息化建设

未来，教育信息化将更加深入。数字化技术、人工智能等将在教学中发挥更大作用，为学生提供更为便捷和高效的学习方式。

5. 强调全球视野

未来的教育将更加强调全球视野。培养学生具有国际竞争力，能够适应不同文化环境的能力，成为未来全球化时代的国际人才。

6. 推动社会参与

未来教育改革将更加注重社会参与。学校将与社会更紧密地合作，通过实践项目、社区服务等方式，让学生更早地接触社会，培养实际应用能力。

教育改革是一个复杂而深刻的过程，需要全社会的共同努力。通过定义教育改革的内涵，理解推动教育改革的原因和方法，以及面对的挑战与应对策略，我们可以更好地把握教育改革的方向，为构建更具活力、适应性和创新性的教育体系提供有益的思考。未来，随着社会的不断发展和变革，教育改革将持续推进，为培养更多具有全球竞争力的人才做出更大的贡献。

二、教育改革理论的基本框架

教育改革理论作为教育改革的指导性理论体系，在制定教育政策、完善教育体制、提高教育质量等方面具有重要作用。教育改革理论的基本框架涵盖了多个层面，包括教育目标、教育体制、教育内容、教育方法等。下面将深入探讨教育改革理论的基本框架，以及在实际教育改革中的应用。

（一）教育改革理论的基本构成

1.教育目标

教育改革理论首先关注的是教育的根本目标。不同的教育改革理论可能对教育的目标有不同的强调和侧重点。传统上，教育目标主要包括知识传授、素质培养、能力培养等方面。而现代的教育改革理论往往更注重培养学生的创新能力、团队协作能力、终身学习能力等与时代发展相适应的素质。

2.教育体制

教育体制是教育改革的关键领域之一。不同的教育改革理论对教育体制的要求和设想也各有不同。一方面，教育体制的灵活性、适应性、开放性成为现代教育改革理论的关注点。另一方面，关于中央与地方、公立与私立等各层次教育机构之间权责关系的探讨也是教育改革理论的热点之一。

3.教育内容

教育改革理论对教育内容的关注主要表现在课程设置、教材编写、教学方法等方面。随着社会的发展，对学生所需掌握的知识结构和技能要求也在不断变化。因此，教育改革理论往往需要关注如何调整和优化教育内容，使之更加符合社会需求和学生个体差异。

4.教育方法

教育改革理论关注的另一方面是教育方法。现代教育改革理论倡导多元化、个性化的教学方法，强调学生参与、合作、实践的教育方式。信息技术的发展也为教育方法的创新提供了更多的可能性，如在线教育、智能化教学辅助工具等。

5.教育评价

教育评价是教育改革理论中的重要环节。传统的教育评价主要以考试为主，而现代教育改革理论更强调多元化的评价方式，包括项目评估、实际表现评价、综合素质评价等。这种评价方式更能全面地反映学生的学习状况和能力水平。

（二）主要教育改革理论

1.进化主义理论

进化主义理论认为教育是社会演化过程中的产物，随着社会的发展，教育也需要不断演化。教育的改革应该是渐进的、逐步的，根据社会需要和个体发展的要求，循序渐进地进行教育体制和教育内容的优化和调整。

2.结构功能主义理论

结构功能主义理论认为教育是社会结构的一部分，其目的在于传递社会文化，维持社会秩序。教育改革应该关注教育结构的合理性和功能的发挥，通过优化教育体制和内容，使其更好地服务社会整体利益。

3. 社会变革理论

社会变革理论认为教育改革是社会变革的产物，随着社会的发展和变革，教育体制和教育内容需要相应调整，以适应新的社会要求。这一理论强调教育与社会变革的相互作用关系。

4. 批判理论

批判理论强调社会的不平等和权力结构对教育的影响。教育改革应该以批判的眼光审视社会现象，关注社会中的不平等现象，并通过教育来推动社会的公平和正义。

5. 教育生态学理论

教育生态学理论将教育看作是一种生态系统，强调个体、家庭、学校等因素之间的相互作用。教育改革需要全面关注这些因素，通过调整各种因素的关系，优化教育生态系统，促进学生全面健康发展。

（三）教育改革理论的实际应用

1. 教育改革的实践路径

不同的教育改革理论在实际应用中可能对应不同的教育改革路径。例如，进化主义理论可能更倾向于渐进的改革，注重保留既有的教育体制和内容，通过渐进的方式进行优化和调整。而社会变革理论可能更倾向于大刀阔斧地改革，强调教育与社会发展同步，迎接社会变革带来的新挑战。

2. 教育改革的政策制定

教育改革理论对政策制定有着深刻的指导作用。政府在制定教育政策时，需要考虑到不同理论的要求，找到符合本国国情和发展阶段的改革路径。例如，在推动教育体制变革时，结构功能主义理论可能强调确保教育体制的稳定性和社会功能的发挥，而社会变革理论可能强调更加灵活和适应性的体制设计。

3. 教育改革的教育实践

教育改革理论在实际教育实践中需要落地为具体的教育策略和方法。例如，强调个性化学习的理论需要在具体教育实践中推动差异化教学、提供个性化学习资源。教育改革的实际成效需要通过创新的教学手段和方法来体现。

4. 教育改革的师资培训

教育改革理论的实际应用还需要关注教育从业者的培训和发展，不同的理论可能对教育从业者的素质要求有所不同。例如，强调创新和批判思维的理论可能需要更注重培养教师的创新意识和批判性思维。

（四）面对挑战的教育改革理论的发展

1. 全球化背景下的教育改革理论

全球化背景下，各国之间的教育交流和竞争更加激烈。教育改革理论需要更注重全球视野，吸收和借鉴其他国家的成功经验，同时更加关注本国的文化和实际情况，形成适合自身发展的教育改革理论。

2. 技术发展对教育改革理论的影响

随着技术的飞速发展，教育改革理论也需要不断适应技术创新带来的挑战和机遇。数字化技术、人工智能等的应用正在改变教育的面貌，教育改革理论需要更加注重技术与教育的融合。

3. 教育不平等问题的教育改革理论

教育不平等一直是全球教育面临的严重问题。教育改革理论需要更加注重社会公平和包容性，通过改革来减少教育不平等现象，让更多的人享有高质量的教育资源。

4. 突发事件对教育改革理论的启示

全球范围内的突发事件，如疫情暴发，对教育产生了巨大影响。教育改革理论需要更加关注在特殊情况下的应对策略，包括在线教育的发展、应急教学模式的建立等。

教育改革理论的基本框架涵盖了教育目标、教育体制、教育内容、教育方法、教育评价等多个层面。不同的理论在应对社会发展和教育问题时有着不同的侧重点和解决路径。在实际应用中，教育改革理论需要结合国家特色、社会需求和时代发展，形成切实可行的改革方案。未来，随着社会的不断变化，教育改革理论也需要不断创新，适应新的挑战，为构建更加公平、高效、创新的教育体系提供有力的理论支持。

第二节 常见的教学改革理论

一、行为主义教学改革理论

行为主义教学改革理论是教育领域中的一个重要理论流派，它强调学习是一种可观察的行为，强调外在刺激和响应的关系。行为主义教学改革理论在 20 世纪初崭露头角，经过多次演变和发展，至今仍然对教学和学习有深远的影响。下面将深入探讨行为主义教学改革理论的基本原理、实践方法以及在当代教育中的应用。

（一）行为主义教学改革理论的基本原理

1. 古典条件作用

行为主义教学改革理论的一个基本原理是古典条件作用，即通过建立刺激和反应之间的联系来促使学习。这一原理最早由俄国心理学家巴甫洛夫提出，后来在行为主义者约翰·沃森和伯爵·斯金纳的研究中得到进一步发展。在教学中，这意味着通过创造特定的环境和刺激，引导学生做出期望的反应。

2. 操作性条件作用

操作性条件作用是行为主义教学改革理论的另一基本原理。它强调学习是通过对行为的操作和反馈来实现的。在这个理论框架下，教学者应该设计明确的任务和目标，通过学生对任务的操作和反馈，促使学生形成正确的行为模式。这一原理在实践中强调了学生的实际参与和动手能力的培养。

3. 奖励与惩罚

奖励与惩罚是行为主义教学改革理论的重要组成部分。理论认为，通过给予奖励或施加惩罚，可以加强或减弱特定的行为。这种强调外在激励的方式在教学中表现为教师通过奖励学生的良好表现，或者通过惩罚来阻止学生的不良行为，以达到引导学习的目的。

4. 模型学习

模型学习是行为主义教学改革理论的进一步发展。该原理认为学习可以通过观察他人的行为并模仿来实现。阿尔伯特·班杜拉的社会学习理论为这一观点提供了理论基础。在教学实践中，教师可以通过呈现优秀的学习典型，激发学生的模仿和学习动力。

（二）行为主义教学改革理论的实践方法

1. 直观教学法

直观教学法是行为主义教学改革理论的核心实践方法之一。它通过呈现清晰、直观的教学内容，强调教师的示范和引导。学生在观察到范例后，通过模仿和操作来掌握新的知识和技能。

2. 任务导向教学法

任务导向教学法注重设定明确的学习任务，通过学生的参与和操作来实现学习目标。任务可以是实际问题的解决，也可以是具体的项目设计。学生在完成任务的过程中，通过实践获得知识和技能。

3. 奖励与惩罚策略

在行为主义实践中，奖励与惩罚策略被广泛运用。教师通过及时给予学生奖励，如表扬、奖品等，来强化他们的良好表现。同时，对不良行为，采用适当的惩罚手段，以避免学生形成不良习惯。

4. 模型教学法

模型教学法强调通过展示优秀的学习样本，来激发学生的模仿欲望。这可以通过教师的示范，也可以通过呈现真实的学习案例或使用多媒体技术来实现。

（三）行为主义教学改革理论在当代教育中的应用

1. 技术支持的个性化学习

行为主义教学改革理论在个性化学习中发挥着重要作用。通过利用技术手段，如智能化教学系统，可以为学生提供个性化的学习路径和反馈，根据每个学生的学习情况调整教学内容和难度，从而更好地满足学生的学习需求。

2. 在线教育与远程教学

行为主义的原理在在线教育和远程教学中得到了广泛应用。通过在网络平台上设计清晰的学习任务、提供直观的教学内容、引导学生参与讨论和实际操作，教师可以有效地促使学生达到学习目标。同时，在在线教育中，及时的奖励和反馈机制也可以激发学生的学习积极性。

3. 游戏化教学

游戏化教学是行为主义教学改革理论在当代教育中的创新应用之一。通过引入游戏元素，如奖励机制、任务设置等，教师可以激发学生的学习兴趣和动力。学生通过完成任务、获得奖励，形成积极的学习行为。

4. 实践导向的课程设计

行为主义教学改革理论在实践导向的课程设计中具有显著影响。通过将学习目标明确化，设计实际任务，让学生通过实践来掌握知识和技能。这种课程设计强调学生的主动参与和操作，符合行为主义教学改革理论的核心原则。

5. 反馈机制的优化

在当代教育中，通过科技手段建立更为及时、个性化的反馈机制也是行为主义原理的应用之一。教师可以通过智能化系统，对学生的学习行为进行实时监测，及时给予个性化的反馈，引导学生纠正错误，强化正确的学习行为。

（四）行为主义教学改革理论的优势与挑战

1. 优势

明确的学习目标：行为主义强调明确的学习目标，使学生清楚知道他们应该学什么，有助于提高学习效率。

可观察的行为：行为主义注重可观察的行为，教师可以更容易地评估学生的学习成果，提供及时的反馈。

奖励激励：通过奖励和惩罚机制，可以激发学生的学习动机，形成积极的学习习惯。

适用于技能培养：行为主义理论在培养特定技能和操作能力方面表现出色，尤其适用于需要具体步骤和规程的学科。

2. 挑战

忽视认知过程：行为主义理论相对忽视了学习的认知过程，对深度理解、创造性思维等高层次的学习目标有一定局限。

机械化学习：过分强调刺激和响应的关系，可能导致学生的学习变得机械化，缺乏对知识的深层次理解。

个体差异：行为主义理论在考虑学生个体差异方面相对较弱，难以满足不同学生的个性化学习需求。

不符合现代社会需求：随着社会的发展，对学生综合素质的要求逐渐提高，行为主义理论在培养创新能力、批判性思维等方面存在一定的滞后性。

行为主义教学改革理论作为教育领域的经典理论之一，在教学设计和实践中具有深远的影响。其强调学习是可观察的行为，通过刺激和响应的关系来引导学生学习。在当代教育中，行为主义教学改革理论依然有其应用的空间，尤其在技术支持的个性化学习、在线教育、游戏化教学等方面展现出新的活力。

然而，行为主义教学改革理论也面临着一系列挑战，特别是在满足学生深层次认知需求、个性化学习和培养创新能力等方面存在一定的不足。因此，在教学设计中，教育者需要综合考虑不同理论的优势，灵活运用，以更好地满足学生的多样化学习需求。

二、建构主义教学改革理论

建构主义教育理论是一种以学生为中心，注重学生主动参与、建构知识的教育理念。建构主义教育强调学习的个体差异，认为学生通过与环境互动，建构自己的知识体系。建构主义教学改革理论涉及教育目标、教育内容、教学方法等多个层面的问题。下面将深入探讨建构主义教学改革理论的基本原理、实践方法以及在当代教育中的应用。

（一）建构主义教学改革理论的基本原理

1.学习是建构性的

建构主义教育理论的核心原理之一是学习是建构性的过程。学生不是被动地接受外部输入的信息，而是通过自己的思考、体验和互动来建构知识。这一原理强调了学生个体差异的重要性，每个学生都有自己独特的学习路径和方式。

2.学习与社交互动密切相关

社会文化理论对建构主义教育理论的发展产生了深远的影响。社会文化理论认为学习是一种社会活动，是通过与他人的社会互动和交流来实现的。在建构主义教育中，强调学生通过与同伴、教师和社会的互动来建构知识，这有助于形成更为丰富和深刻的学习体验。

3.知识的个体性和相对性

建构主义教育理论强调知识的个体性和相对性。每个学生都有自己的背景、经验和观点，因此对知识的理解也是有个体差异的。建构主义教育理论主张教育应该尊重学生的个体差异，通过个性化的教学方法来满足学生的需求。

4.情境与真实性

建构主义教育理论关注学习环境的设计。认为学生在真实的情境中学习能够更好地建构知识。因此，教学应该关注如何创造具有真实性和情境性的学习环境，让学生能够将学到的知识应用到实际生活中。

（二）建构主义教学改革理论的实践方法

1.项目学习

项目学习是建构主义教育理论在实践中的重要方法之一。通过参与真实的项目，他们不仅能够获得知识，还能够培养解决问题的能力、团队协作精神以及创新思维。

2.合作学习

合作学习是建构主义教育理论的核心实践方法之一。通过组织学生进行小组活动、讨论和合作项目，促使学生通过与他人的互动建构知识。合作学习有助于培养学生的团队协作和沟通技能。

3.问题解决

建构主义教育理论主张将学生置于有挑战性的问题情境中，通过解决问题来促使学生学习。问题解决过程中，学生需要运用各种知识和技能，这有助于他们更深层次地理解和应用知识。

4. 反思与元认知

建构主义教育理论强调学生对自己学习过程的反思。通过反思，学生可以更好地理解自己的学习方式、思考方式以及知识的建构过程。元认知技能的培养有助于学生更好地管理自己的学习。

（三）建构主义教学改革理论在当代教育中的应用

1. 个性化学习

建构主义教学理论为个性化学习提供了理论基础。通过利用技术手段，学生可以在更符合自己学习节奏和风格的情境中建构知识。个性化学习注重学生的个体差异，帮助每个学生找到适合自己的学习路径。

2. 在线协作学习

随着网络技术的发展，建构主义教学理论的实践方法在在线协作学习中得到了广泛应用。通过在线平台，学生可以参与虚拟的合作项目、讨论和学科社区，从而在虚拟环境中建构知识。

3. 游戏化教学

游戏化教学是建构主义教育理论在当代教育中的创新应用之一。通过将学习内容嵌入游戏情境，学生在游戏过程中不仅能够获得知识，还能够培养解决问题的能力和团队协作精神。

4. 社交媒体的运用

建构主义教育理论在社交媒体中的应用也为学生提供了更广阔的学习平台。通过社交媒体，学生可以进行在线讨论、分享学习资源、互动合作，促进知识的建构和交流。这种形式的学习更贴近学生的生活体验，使学习更加有趣和有意义。

5. 翻转课堂

翻转课堂是建构主义教育理论的实践创新之一。在翻转课堂中，学生通过预习视频等资源自主学习，而课堂时间用于深化理解、讨论和解决问题。这种教学模式强调学生对知识的主动构建，更好地满足了不同学生的学习节奏和需求。

（四）建构主义教学改革理论的优势与挑战

1. 优势

个体差异关注：建构主义教育理论充分关注学生的个体差异，强调每个学生是独特的学习者，有自己的学习风格和路径。

深度理解和应用：通过问题解决、项目学习等实践方法，学生更容易达到对知识的深度理解和实际应用。

社会互动与合作：建构主义教育强调学习与社会互动密切相关，通过合作学习等形式培养学生的社交能力和团队协作精神。

学习动机激发：学生在建构主义教学环境中更有可能保持学习的积极性，因为他们能参与决策、感知学习的真实性和意义。

2.挑战

课程设计的复杂性：建构主义教育理论要求课程设计更加复杂，需要更多的时间和资源。这对教师的能力和付出提出了更高的要求。

学生的自主学习能力：需要学生具备较强的自主学习和元认知能力，而对一些学生来说，这可能需要额外的培养和引导。

评估困难：传统的评估方式可能不再适用于建构主义教学环境。如何对学生的学习进行有效的评估，是一个需要面对的挑战。

资源不均：在一些地区和学校，可能缺乏足够的资源来支持建构主义教学模式，导致教育不均衡。

建构主义教学改革理论以学生为中心，注重学生的主动参与、建构知识的过程，是当代教育领域中的重要理论之一。通过学习建构主义教育理论的基本原理和实践方法，我们可以看到它在教育中强调学生的个体性、社交性和建构性，为学生提供更丰富、有趣、深刻的学习体验。

然而，建构主义教育理论也面临着一系列挑战，包括课程设计的复杂性、学生自主学习能力的培养、有效评估的问题等。因此，在实践中，教育者需要灵活运用建构主义教学理论的原则，结合实际情况，设计切实可行的教学方案，以更好地促进学生的全面发展。未来，随着社会的不断变化和科技的发展，建构主义教育理论也将不断演进，为教育创新提供更多的启示。

第三节　教学改革的核心原则

一、学生主体性与个性化教育

学生主体性和个性化教育是当代教育领域中备受关注的两个重要概念。学生主体性强调学生在学习过程中的主动性、创造性和参与性，而个性化教育则致力于根据学生的个体差异，提供量身定制的教育体验。下面将深入探讨学生主体性和个性化教育的概念、关系以及在当代教育中的意义和挑战。

（一）学生主体性的概念

学生主体性强调学生在学习中的主动参与和创造性思维。这一概念表明学生不仅是知识的接收者，更是知识的创造者和运用者。学生主体性强调学生具有自主选择、主动学习和思考的权利和能力。这一理念体现了教育的本质是培养学生全面发展的个体，而非简单地传授知识。

学生主体性的要素包括：

自主性（Autonomy）：学生在学习中具有自己的意愿和目标，能够自主选择学习的内容和方式。

创造性（Creativity）：学生在学习中能够表现出创造性的思维，提出问题、解决问题，并能够将学到的知识运用到实际中。

参与性（Engagement）：学生在学习过程中积极参与，对学习活动表现出浓厚的兴趣和主动性。

批判性思维（Critical Thinking）：学生能够对所学知识进行批判性思考，形成独立、深入的见解。

（二）个性化教育的概念

个性化教育旨在根据每个学生的独特需求和潜能，提供量身定制的学习经验。这种教育方法强调学生在学术、兴趣和发展方面的个体差异，致力于创造一个适应学生个性的学习环境。个性化教育的目标是最大限度地发挥学生的潜力，提高其学术成就和个人发展。

个性化教育的要素包括：

个体差异（Individual Differences）：个性化教育认为每个学生都是独特的，有着不同的学习风格、兴趣和学科优势。

自主学习（Self-directed Learning）：个性化教育鼓励学生在学习过程中承担更多的责任，自主规划学习路径，更好地理解和掌握知识。

灵活性（Flexibility）：个性化教育提供灵活的学习方式和时间表，以适应学生的个体差异和学习节奏。

个性发展规划（Individualized Learning Plans）：通过制定个性化的学习计划，根据学生的兴趣、能力和目标来调整教学内容和方法。

（三）学生主体性与个性化教育的关系

学生主体性和个性化教育在许多方面有着密切的关联。学生主体性强调学生在学习过程中的主动性和创造性，而个性化教育致力于根据学生的个体差异提供个性化的学习经验。

1. 个体差异的关注

学生主体性和个性化教育都关注学生的个体差异。学生主体性认为每个学生都是独特的学习者，应该在学习中展示自己的个性。而个性化教育更进一步，强调根据学生的个体差异来调整教学内容和方法，确保每个学生都能够在最适合自己的环境中学习。

2. 自主学习的倡导

学生主体性和个性化教育都倡导自主学习。学生主体性认为学生应该有权利和能力在学习中自主选择和决定。个性化教育则通过提供个性化的学习计划，鼓励学生更加主动地参与学习过程，培养自主学习能力。

3. 灵活性的重视

个性化教育强调提供灵活的学习方式和时间表，以适应学生的个体差异。学生主体性中的灵活性体现在学生在学习过程中能够更自由地选择学科、项目或任务，更好地体现和发挥个体差异。

4. 参与性和个性发展规划

学生主体性强调学生在学习中的积极参与，而个性化教育通过制定个性化的学习计划，帮助学生更好地规划个人发展。通过个性发展规划，学生能够根据自己的兴趣、目标和能力来选择学科、课程和活动，从而更好地塑造自己的个性。

（四）学生主体性与个性化教育在当代教育中的意义

1. 促进学生的全面发展

学生主体性和个性化教育的结合有助于促进学生的全面发展。学生通过自主选择学习内容、参与各类活动，能够更全面地发展自己的认知、社交、情感和技能。个性化的学习经验也有助于挖掘每个学生的潜能，使其在学业和个人成长方面都能够得到充分的发展。

2. 提高学生的学习兴趣和动机

学生主体性和个性化教育的实践有助于提高学生的学习兴趣和动机。当学生能够选择和掌握自己感兴趣的领域时，他们更有可能在学习中保持积极性。个性化的学习经验也能够激发学生对知识的好奇心，培养他们主动探究的精神。

3. 培养学生的自主学习能力

学生主体性和个性化教育的理念有助于培养学生的自主学习能力。学生在自主选择学习内容和方式的过程中，逐渐形成自主学习的意识和习惯。个性化教育的灵活性和自主性要求学生在学习中承担更多的责任，从而提高了他们的自主学习能力。

4. 适应不同学生的需求

学生主体性和个性化教育的结合能够更好地适应不同学生的需求。在教学设计中考虑学生的个体差异，提供灵活的学习选择，有助于创造一个更包容和适应多样性的学习环境。这有助于减少学生因为学科差异、学习节奏不同而产生的学习差距。

（五）学生主体性与个性化教育面临的挑战

1. 教育体制和制度的限制

学生主体性和个性化教育在某些程度上受到传统教育体制和制度的限制。传统的课程设置、评估方式等可能难以适应个性化教育的需求。而学校的组织结构和管理方式也可能对学生主体性的发展产生一定的阻碍。

2. 教师专业发展的需求

实施学生主体性和个性化教育需要教师具备更多的能力和技能。教师需要更深入地了解每个学生的个体差异，设计灵活的教学方案，提供个性化的指导。这对教师的专业发展提出了更高的要求。

3. 技术和资源支持的不足

实施个性化教育需要充足的技术和教育资源支持。然而，在一些地区和学校，可能存在技术设备和资源不足的情况，这使得实施个性化教育面临着一定的困难。

4. 家庭和社会的压力

学生主体性和个性化教育的实践可能受到家庭和社会观念的影响。有些家长和社会对传统的教育模式有着固有的认知，可能对个性化教育的理念存在疑虑。这可能会给学生主体性和个性化教育的推广带来阻力。

学生主体性和个性化教育是促进学生全面发展的重要理念。学生主体性强调学生在学习中的主动性、创造性和参与性，而个性化教育致力于根据学生的个体差异提供量身定制的学习经验。两者的结合有助于提高学生的学习兴趣和动机，培养学生的自主学习能力，适应不同学生的需求。

然而，学生主体性和个性化教育在实践中面临着一系列挑战，包括教育体制和制度的限制、教师专业发展的需求、技术和资源支持的不足，以及家庭和社会观念的影响。要推动学生主体性和个性化教育的实践，需要教育决策者、学校管理者、教师和家长的共同努力，以及更多对这一理念的深入研究和实践经验的积累。通过共同努力，可以更好地满足学生的多样化学习需求，促进教育的不断创新和进步。

二、跨学科整合与实际应用

跨学科整合是指将不同学科领域的知识、理念和方法有机地结合起来，以应对复杂的问题和挑战。这一理念旨在打破传统学科的壁垒，促使学生更全面、综合地理解和解决问题。下面将深入探讨跨学科整合的概念、实践以及在实际教育和研究中的应用。

（一）跨学科整合的概念

1. 跨越学科壁垒

传统的学科划分在一定程度上限制了知识的整体性理解。跨学科整合试图超越学科壁垒，使不同学科之间的知识相互关联，形成更为综合和深刻的理解。

2. 问题中心

跨学科整合以问题为中心，强调解决实际问题的能力。这种方法不仅关注学科知识，还注重培养学生的综合思维和解决问题的能力。

3. 综合性思维

跨学科整合要求学生具备综合性思维，即能够将多学科知识整合并应用到实际情境中。这种思维方式强调整体性观念，帮助学生更好地理解问题的复杂性。

（二）跨学科整合的实践方法

1. 项目式学习

项目式学习是一种促使学生在解决问题的过程中整合多学科知识的方法。学生通过参与项目，不仅能够深入了解某一学科，还能够将不同学科的知识有机结合，形成全面的认识。

2. 探究性学习

跨学科整合强调学生的主动探究和发现。通过设立探究性学习任务，学生能够在不同学科领域中寻找关联，培养独立思考和问题解决的能力。

3. 主题式课程

主题式课程将不同学科的知识融入一个主题中，使学生在研究某一主题的过程中涉足多个学科领域。这种课程设计有助于培养学生的跨学科思维。

4. 学科整合的教学设计

教师在教学设计中融入多学科元素，通过交叉引用知识、设立跨学科任务等方式，促使学生在学习中形成对学科之间关系的理解。

（三）跨学科整合在实际教育中的应用

1. 提升学科之间的关联性

跨学科整合有助于提升学科之间的关联性。通过将不同学科的知识联系起来，学生更容易理解知识的整体结构，形成更为综合的认知。

2. 促进实际问题的解决

实际问题往往涉及多个学科领域。跨学科整合的教学能够培养学生解决实际问题的能力，使其具备更强的应对复杂情境的能力。

3. 培养综合性思维

跨学科整合通过培养学生的综合性思维，使其能够在不同学科之间建立联系，形成整体性的思考方式。这有助于学生更好地应对未来复杂的职场挑战。

4. 适应终身学习的需求

现代社会对终身学习的需求日益增加，而终身学习往往涉及多个学科。跨学科整合的教育培养了学生跨越学科进行学习的能力，使其更具适应未来学习的能力。

（四）跨学科整合的挑战

1. 传统学科划分的障碍

传统学科划分往往使得学科之间的联系不够密切，学科专业化程度过高。跨学科整合需要克服这些传统观念的障碍。

2. 教师专业发展的压力

实施跨学科整合需要教师具备更多的知识面和教学方法。教师可能需要进行更多的专业发展来适应这一新的教学模式。

3. 评估困难

传统的评估体系难以有效地应对跨学科整合的教学。如何对学生的跨学科能力进行全面、客观的评价仍然是一个亟待解决的问题。

4. 教育资源不足

实施跨学科整合需要更多的教育资源，包括跨学科的教材、培训机会等。在一些地区和学校，这些资源可能不足，制约了跨学科整合的推广。

第四节　教学改革的国际比较

一、不同文化背景下的教学模式比较

教育是文化传承和塑造的重要手段之一，而不同文化背景往往影响着教学模式的形成和演变。教育系统在各国和不同文化环境中存在着显著的差异，包括教学理念、教育目标、师生关系等方面。下面将探讨不同文化背景下的教学模式，并比较其异同，以深入理解全球范围内教育的多样性。

（一）西方文化背景下的教学模式

1.个人主义和强调自主学习

在西方文化中，个人主义是一种明显的文化价值。这种价值观影响了教学模式，注重培养学生的自主学习能力。西方教育更加强调学生独立思考、自主解决问题的能力，强调培养学生的创造性和批判性思维。

2.互动式教学和小组讨论

在西方教育中，教学注重师生互动和学生之间的互动。课堂中常常有小组讨论、项目合作等活动，通过与他人交流和合作，学生能够更好地理解和应用知识。教师通常扮演着辅导者和引导者的角色，鼓励学生发表个人观点和进行思辨性的讨论。

3.注重实践和应用

西方教育强调理论与实践的结合。教学内容通常紧密联系实际应用，学生通过实际项目、实验、实习等方式将理论知识应用到实践中。这有助于培养学生更好地适应职场需求。

4.多元化的评估方法

在评估方面，西方文化背景下的教育更加注重多元化的评估方法。不仅有考试和论文，还包括项目评估、小组作业评估等多样性评估方式，旨在更全面地了解学生的综合能力。

（二）东方文化背景下的教学模式

1.集体主义和强调团队协作

东方文化中，尤其是在一些东亚国家，集体主义是一种重要的文化价值观。教学模式注重培养学生的团队协作和集体荣誉感。课堂中强调班级的整体成绩，鼓励学生互相帮助、团队合作。

2. 传统师权和尊重权威

在一些东方文化中，传统的师权仍然存在。教师被视为知识的权威，学生对教师的尊重和听从是一种被强调的教育价值。教师通常扮演传道者的角色，传授重要的知识和价值观。

3. 强调基础知识和高强度学习

东方文化的教学模式通常注重基础知识的掌握和高强度的学习。学生在课外时间可能参加各种辅导班、补习班，以确保对基础学科的深入理解。考试制度在一些东方文化中仍然是选拔学生的主要手段。

4. 文凭和学历的重要性

在一些东方文化中，文凭和学历被赋予极大的重要性。对学生和家庭来说，获得优秀的学历是一种社会认可和对未来成功的保障。因此，学生在教育中投入更多的精力和时间，以获得更好的学业成绩。

（三）拉丁美洲文化背景下的教学模式

1. 强调人际关系和社交

在拉丁美洲文化中，人际关系和社交是一种重要的文化价值观。教学模式注重学生之间的友谊和合作，课堂氛围通常较为轻松。教师通常与学生建立更为亲近的关系，以形成更好的学习氛围。

2. 活泼的教学风格和互动性

拉丁美洲的教学模式通常更注重生动、互动和娱乐性。教师通常采用更为活泼的教学风格，以吸引学生的注意力。互动性的教学方法，如学生表演、游戏活动等，常常被广泛采用。

3. 尊重文化的多样性

在拉丁美洲，由于文化的多样性，教学模式更注重尊重和体现各种文化的平等。教育内容通常包括对各种民族、语言和传统的尊重，以确保每个学生都感到受到欢迎和理解。

4. 强调实际问题的解决

教学模式通常将学科知识与实际问题解决相结合。学生被鼓励思考和解决社会、环境和经济等方面的问题。这有助于培养学生更具社会责任感和实际应用能力。

（四）跨文化教学模式比较

1.师生关系

在西方文化中，师生关系更加平等和开放。教师通常更多地扮演引导者和激励者的角色，鼓励学生独立思考。相比之下，在一些东方和拉丁美洲文化中，师生关系可能更加传统，强调教师的权威。

2.学习方式

在西方文化中，学生通常更加注重自主学习和实践经验。教学注重互动、小组讨论和项目，强调理论与实践的结合。而在一些东方文化中，学生可能更注重传统的课堂教学和记忆性学习。

3.评估方法

在西方文化中，评估方法更加多元化，包括考试、论文、项目评估等。而在一些东方文化中，考试仍然是主要的评估手段。在拉丁美洲，可能更强调学生的参与度和实际项目成果。

4.教育目标

在西方文化中，教育更注重培养学生的创造性、批判性思维和解决问题的能力。而在一些东方文化中，教育目标可能更注重学科知识的掌握和应试能力。在拉丁美洲，教育目标可能更强调社会责任感和实际问题解决的能力。

（五）全球化时代的挑战与机遇

1.全球化的影响

随着全球化的深入发展，文化之间的交流与碰撞不断增加。教育系统也逐渐受到全球化的影响，学生和教育工作者需要适应多元文化背景下的教学环境。

2.跨文化沟通的重要性

在全球化时代，培养学生的跨文化沟通能力变得尤为重要。教育不仅仅是传授知识，更是培养学生适应多元文化环境的能力，使他们能够更好地融入国际社会。

3.借鉴和融合的机遇

不同文化背景下的教学模式都有各自的优点和特色。全球教育体系可以借鉴各文化之长，进行有针对性的融合，以提升整体的教育质量。通过在不同文化间建立桥梁，可以更好地应对全球化时代的挑战。

不同文化背景下的教学模式在方法、目标和价值观上存在显著差异。西方文化注重个人主义、自主学习和实践应用；东方文化强调集体主义、基础知识和高强度学习；拉丁美洲文化注重人际关系、社交和实际问题解决。

全球化时代，理解并尊重不同文化的教育价值观，培养学生的跨文化沟通和适应能力变得至关重要。在面对全球性挑战时，各国的教育体系可以通过相互学习和融合，共同促进全球教育的进步和创新。通过这种多元化的教育经验，我们能够更好地满足不同国家和地区学生的需求，为他们的未来发展提供更多选择和机遇。

二、国际教育改革的合作与交流

国际教育合作与交流是当今全球化背景下推动教育创新、提高教育质量的至关重要的方向之一。各国教育体系面临的共同挑战以及在解决这些挑战中的共同努力，有助于促进全球范围内的知识共享、文化互鉴、人才培养和可持续发展。下面将探讨国际教育合作的意义、现状、存在的问题，以及未来发展的方向。

（一）国际教育合作的意义

1. 知识共享与借鉴

国际教育合作为各国提供了一个平台，使得不同国家能够共享彼此在教育领域的成功经验和有效实践。通过学习借鉴其他国家的教育模式、教学方法和管理经验，可以更迅速地解决各自面临的问题，提升教育质量。

2. 培养国际化人才

国际教育合作有助于培养具有国际视野的人才。学生通过参与国际交流项目、合作研究等方式，更好地了解不同文化、语境下的学习和工作方式，提高跨文化沟通与合作的能力。

3. 推动教育创新与改革

不同国家和地区面临的教育问题各异，通过国际合作，可以集思广益，共同研究解决方案，推动教育创新与改革。合作研究项目、教育政策的对话等方式为各国提供了共同进步的机会。

4. 促进全球可持续发展目标

教育是实现联合国提出的可持续发展目标（SDGs）的关键领域之一。国际教育合作有助于推动教育的全球化发展，为实现包括普及教育、促进性别平等、提高教育质量等在内的各项可持续发展目标提供支持。

（二）国际教育合作的现状

1. 学术交流与合作项目

学术交流是国际教育合作的重要形式之一。各国大学之间签署合作协议，推动学生和教师的交流，共同开展研究项目，促进学科领域的交流。

2. 国际课程与双学位项目

越来越多的学校推出国际课程和双学位项目，使学生有机会在国际背景下学习，获取更丰富的学术资源，提高全球竞争力。

3. 跨国教育合作机构

一些国际性的教育组织和机构致力于促进各国之间的教育合作。例如，UNESCO（联合国教科文组织）、国际大学联合会等在全球范围内推动教育交流与合作。

4. 在线教育与远程合作

随着信息技术的发展，在线教育为国际合作提供了新的可能性。学生可以通过在线平台参与来自世界各地的课程，学校可以进行跨国合作项目，促进师生之间的远程交流。

（三）国际教育合作存在的问题

1. 文化差异与语言障碍

文化差异和语言障碍是国际合作中常见的问题。不同国家的教育体系和文化有着显著的差异，可能导致理解上的困难。语言问题也可能妨碍学生和教师之间的有效沟通。

2. 政治和法律限制

一些国家对国际教育合作存在政治和法律上的限制。政治因素可能导致国际合作计划的取消或者受到限制，法律法规的不统一也增加了合作的难度。

3. 不平等的合作关系

在国际合作中，一些发达国家和地区可能占据主导地位，导致不平等的合作关系。资源分配、研究项目的设计等方面存在一些不公平的现象。

4. 质量认证和评估的问题

合作项目的质量认证和评估体系相对不完善，可能导致合作项目的质量参差不齐。缺乏统一的评估标准，使得难以对国际教育合作的效果进行客观评估。

（四）未来发展方向

1. 加强国际合作网络

建立更加紧密、高效的国际合作网络，加强各国之间的信息共享、教育政策对话，促进更广泛的教育资源交流。通过国际合作网络，学者、教育机构和政策制定者可以更直接地分享最新的研究成果、教学方法和政策经验，为各国的教育改革提供及时有效的支持。

2. 深化跨文化培训

加强师生的跨文化培训，提高他们在国际交流中的适应能力。这包括语言培训、文化意识培养和跨文化沟通技能的提升。通过更好地理解和尊重不同文化之间的差异，可以降低由于文化因素导致的合作问题。

3. 制定共同的质量标准

建立国际教育合作的共同质量标准和评估体系，使得各合作项目在质量上有更明确的标准。这可以通过国际组织牵头，各国共同参与，建立适用于不同文化和教育体系的评估标准。

4. 加强政府层面的支持

各国政府应更积极地支持国际教育合作。这包括制定友好的政策法规，为国际学术交流提供经济和法律的支持，同时积极推动教育改革与合作的议程。

5. 推动科技与教育的融合

充分利用科技手段，推动在线教育和远程合作。通过云平台、虚拟教室等技术工具，学生和教师可以更便捷地参与国际合作项目，促进更广泛的跨国合作。

6. 强调可持续发展目标

国际教育合作应当更加强调可持续发展目标。合作项目应致力于解决全球性问题，如气候变化、贫困、性别不平等，通过教育为实现可持续发展目标做出贡献。

7. 加强社会参与

国际教育合作不仅仅是学校和政府层面的事务，还需要更多社会层面的参与。企业、非政府组织等社会力量的参与可以为国际教育合作提供更多的资源和支持。

国际教育合作是推动全球教育领域发展的重要力量。在合作中，各国能够共同面对教育领域的挑战，共享成功经验，携手促进教育创新与改革。然而，同时也需要面对文化差异、政治因素等带来的问题，通过更加深入的合作和更有针对性的解决方案来推动合作的深入发展。只有在全球范围内形成更紧密的教育合作网络，各方共同努力，才能更好地推动全球教育事业的可持续发展。

第五节　教育技术与教学改革

一、教育技术在教学改革中的地位

教育技术在教学改革中扮演着至关重要的角色。随着科技的迅猛发展，教育技术已经成为推动教育现代化的强大引擎。它不仅提供了全新的教学手段，也改变了传统教学模式，使教育更加灵活、个性化、高效。下面将围绕教育技术在教学改革中的地位展开详细的讨论，涵盖教育技术的定义、历史发展、在教学中的应用、优势和挑战等方面，以全面探讨教育技术对教学改革的深远影响。

（一）教育技术的定义和范畴

1. 教育技术的概念

教育技术是指利用现代科技手段和设备，辅助教育过程中的教学、学习和管理等各个环节，以提高教育效果和效率的综合性学科。它涵盖了信息技术、通信技术、心理学、教育学等多个学科领域，是一门跨学科的综合性学科。

2. 教育技术的发展历程

教育技术的发展可以追溯到远古时期的口头传授和图画式教学，随着时代的进步，书籍、幻灯片、录音机等技术逐渐融入教学。20世纪下半叶，计算机技术的崛起使得教育技术进入了数字化时代，互联网的普及更是为教育技术的快速发展提供了强大支持。

（二）教育技术在教学中的应用

1. 在课堂教学中的应用

教育技术在传统课堂教学中有着广泛的应用，如电子白板、多媒体演示等工具的运用，使得教学更加生动直观。通过互动式的教学软件，教师能够更好地引导学生，激发学生的兴趣，提高学习效果。

2. 在远程教育中的应用

随着互联网技术的发展，远程教育成为可能。教育技术通过在线教学平台、视频会议工具等，实现了师生之间的远程交流。这为学生提供了更广阔的学习资源，也使得教育更加包容，适应了多样化的学习需求。

3. 在个性化教育中的应用

教育技术还可以根据学生的个体差异，提供个性化的学习支持。通过学习管理系统，教育技术可以分析学生的学习情况，为其量身定制学习计划，从而更好地满足不同学生的学习需求。

（三）教育技术在教学改革中的优势

1. 提高教学效果

教育技术能够通过多媒体教学、互动式学习等手段，使得教学内容更加生动直观，激发学生的学习兴趣，提高学习效果。

2. 促进学科融合

教育技术能够整合多个学科的知识，促进学科之间的融合。例如，通过虚拟实验室，学生可以在计算机上进行实验操作，既涉及物理、化学等自然科学，也涉及计算机科学。

3. 打破时空限制

教育技术的应用使得学习不再受制于时间和空间的限制。学生可以通过互联网随时随地获取教育资源，教师也能够通过在线教学平台进行远程教学，使得教育更加灵活和便捷。

4. 促进教育公平

教育技术的普及可以弥补地区之间教育资源的不平衡，实现教育的公平。通过在线教育平台，学生无论身处城市还是农村，都能够享受到高质量的教育资源。

（四）教育技术在教学改革中的挑战

1. 技术水平不均

在一些地区，教育技术的普及面临技术水平不均的问题。一方面，一些发达地区的学校可能配备了先进的教育技术设备；另一方面，一些贫困地区的学校可能面临教育技术设备匮乏的情况。

2. 数据隐私和安全问题

随着教育技术的发展，学生和教师的大量信息被数字化收集和存储，这引发了数据隐私和安全方面的担忧。教育机构和技术提供商需要采取措施来保护学生和教师的个人信息，防止其被滥用或泄露。

3. 技术依赖性

过度依赖教育技术也可能导致一些问题的出现。如果教育系统太过依赖技术，可能会失去对传统教学方法的平衡，而忽视了亲师亲友等人际交往对学习的重要性。

4. 教育不平等问题

虽然教育技术可以促进教育公平，但在一些情况下，它也可能加剧教育不平等。例如，家庭经济条件好的学生可能更容易获得高质量的教育技术设备和资源，而家庭条件差的学生可能面临较大的挑战。

5. 教育技术的成本

引入和维护教育技术设备和系统需要大量的资金投入，这对一些资源有限的学校和教育机构来说可能是一个巨大的负担。成本问题可能会限制教育技术的广泛应用。

（五）教育技术的未来发展趋势

尽管教育技术面临着挑战，但它仍然具有巨大的潜力，将继续在教学改革中发挥重要作用。以下是教育技术的未来发展趋势：

1. 混合式教学

混合式教学将传统课堂教学和在线学习相结合，以提供更灵活和个性化的学习体验。这种模式有助于学生更好地管理自己的学习，同时也减轻了教师的负担。

2. 人工智能和机器学习

人工智能和机器学习技术将继续在教育中发挥关键作用。它们可以分析大量的学生数据，为教师提供个性化的建议，帮助学生更好地理解和掌握知识。

3. 虚拟现实和增强现实

虚拟现实（VR）和增强现实（AR）技术将改变教育的方式。学生可以通过虚拟实验室进行实验，或者通过增强现实应用程序将教材内容呈现在现实世界中，从而提高学习的沉浸感和吸引力。

4. 在线学习平台

在线学习平台将继续扩大，为学生提供更多的学习资源和机会。这些平台不仅包括大学课程，还包括职业培训和兴趣爱好的课程，可以满足不同人群的学习需求。

5. 教育技术政策和标准

教育技术领域需要更多的政策和标准来规范其发展。这包括数据隐私和安全标准，以及教育技术的质量评估标准，以确保学生和教师的权益得到保护。

教育技术在教学改革中的地位至关重要，它不仅提供了新的教学手段，还改变了传统的教学模式，促进了教育的现代化和个性化。然而，教育技术的应用面临着一些挑战，包括技术不均、数据隐私和安全问题、教育不平等等。未来，教育技术仍将继续发展，混合式教学、人工智能、虚拟现实等新技术将成为教育改革的关键驱动力。同时，政策和标准的制定也将有助于保障教育技术的健康发展，为学生提供更好的学习体验和教育机会。教育技术的不断创新和发展将继续塑造未来教育的面貌，促进知识传递和学习的进步。

二、人工智能在教学改革中的前景

近年来，人工智能（Artificial Intelligence，简称 AI）的飞速发展已经深刻改变了各行各业，其中包括教育领域。人工智能在教学改革中的前景备受关注，因为它为教育提供了新的可能性，从而推动了个性化学习、智能辅助教学和教育资源的全球化。下面将探讨人工智能在教育中的应用及其对教学改革的前景。

（一）人工智能在教育中的应用

1. 智能辅助教学

人工智能通过分析学生的学习数据，提供个性化的学习路径和定制化的教学资源。智能辅助教学系统可以根据每个学生的学习风格、进度和需求，调整教学内容，使学习更为高效。

2. 智能化教育管理

人工智能可以用于学校管理系统，协助管理者更好地组织教学活动、监测学生表现、优化资源分配，提高学校的整体管理效率。

3. 智能化评估与反馈

通过自动化的评估系统，人工智能可以为学生提供即时的、个性化的反馈。这不仅能够减轻教师的负担，还能够更准确地了解学生的学习进展，及时调整教学策略。

4. 虚拟现实和增强现实

结合虚拟现实和增强现实，人工智能为学生提供沉浸式学习体验。虚拟实验室、虚拟场景等技术将把学科知识呈现得更加生动，激发学生的兴趣。

5. 语音识别和自然语言处理

语音识别和自然语言处理技术使得学生可以通过语音与电脑交互，提高了学习的便捷性和互动性。这对语言学习、听力理解等方面具有重要意义。

（二）人工智能在教学改革中的优势

1. 个性化学习

人工智能可以根据每个学生的学习特点和水平，提供定制化的学习计划和教材，从而满足不同学生的学习需求，实现真正的个性化教育。

2.教学效果的提高

通过智能辅助教学和个性化学习，学生更容易理解和掌握知识。教育机构可以利用数据分析，不断优化教学方法，提高整体教学效果。

3.提高教育的全球化水平

人工智能技术使得教育资源可以更加容易地跨越国界，师生可以在不同的地理位置进行互动学习，促进了教育的全球化发展。

4.减轻教师负担

智能辅助教学系统可以处理烦琐的评估工作，提供自动化的反馈，这有助于教师将更多精力投入教学设计和与学生的互动上，提升教学质量。

（三）人工智能在教学改革中的挑战

1.技术水平不均

在一些地区，由于经济条件、基础设施等原因，教育机构的技术水平存在差异，这可能导致人工智能在教学中的应用不均。

2.数据隐私和安全问题

收集和分析学生的学习数据可能涉及隐私问题，人工智能系统需要建立健全的隐私保护机制，确保学生的信息得到妥善处理。

3.人机关系的平衡

尽管人工智能可以提供有效的学习支持，但人际关系对学生的发展仍然至关重要。教学过程中需要维持人机平衡，确保学生不失去与教师和同学互动的机会。

4.教育理念的整合

人工智能的应用需要与传统教育理念相结合，确保技术的使用不矛盾于教育的基本价值观，同时要考虑文化和社会背景的差异。

（四）人工智能在教学改革中的未来发展趋势

1.深度学习技术的进一步应用

随着深度学习技术的不断发展，人工智能将更好地理解和模拟人类学习的过程，提供更智能、更个性化的学习体验。

2.联合多学科的发展

未来人工智能在教学改革中的发展趋势将更加强调跨学科合作。不仅仅是计算机科学，教育学、心理学、神经科学等多个学科的融合将推动人工智能在教育中的应用更为全面。

3. 强化自适应学习系统

未来的人工智能教育系统将更加注重自适应性，能够实时调整教学内容和方法，以更好地适应不同学生的学习风格、进度和兴趣。

4. 促进学生创造性思维

人工智能技术可以通过推动创新性和探究性学习，培养学生的创造性思维和问题解决能力。虚拟实验室、编程学习等方面的应用将成为重要的发展方向。

5. 加强国际合作

人工智能教育技术的发展需要国际合作，共同研究、分享最佳实践，推动全球教育水平的提升。跨国合作可以促进人工智能技术在不同文化和教育体系中的应用和适应。

人工智能在教学改革中的前景充满希望，它为教育提供了创新的途径，推动了个性化学习、智能辅助教学和全球化教育资源的发展。尽管在应用中面临一些挑战，如技术水平不均、数据隐私问题等，但这些挑战也在不断被技术和政策的发展中逐步解决。

在未来，人工智能将继续演进，更智能、更适应、更创新的教育系统将成为可能。教育机构和政策制定者需要密切关注技术的发展，积极规划和推动人工智能在教育中的应用，确保其服务于教学的本质，促进学生全面发展。通过全球合作，可以共同面对和解决人工智能在教育中可能出现的问题，推动人工智能在教育领域的可持续发展，为学生提供更加丰富、个性化的学习体验。

第三章 师范教育的课程设计与发展传承

第一节 师范教育课程设计的理论基础

一、师范教育课程设计的基本理念

师范教育课程设计是培养教育专业人才的关键环节，直接关系着国家的教育质量和未来发展。在社会变革与知识爆炸的时代，培养合格的教育者需要更加科学、前瞻和灵活的课程设计。下面将深入探讨师范教育课程设计的基本理念，以期为构建更加符合时代需求的教育体系提供思路和参考。

（一）个性化与差异化教育

个性化教育是当今教育领域的热点话题之一，而师范教育课程设计理应融入这一理念。每个学生都是独特的个体，他们的学习风格、兴趣爱好、认知水平各不相同。因此，课程设计应该注重挖掘学生的潜能，提供多样化的学习机会，鼓励学生根据个体差异发展潜力。通过个性化与差异化教育，培养师范生更好地适应未来多元化、复杂化的教育环境。

（二）跨学科融合

为了更好地培养具有综合素养的教育者，师范教育课程设计应当推崇跨学科融合的理念。教育问题往往不是单一学科可解决的，而是需要多学科的综合运用。例如，教育心理学、社会学、信息技术等学科的知识都对教育者的成长至关重要。通过跨学科融合，师范生可以更好地理解学科之间的关联，提高解决问题的综合能力。

（三）实践导向与职业化

理论知识的学习是师范生培养的基础，但实践经验同样不可或缺。师范教育课程设计应该更加注重实践导向，使学生在课堂上学到的知识能够迅速应用于实际教学中。同时，为了培养更具职业化素养的教育者，课程设计还应当关注职业伦理、团队协作等方面的培养，使师范生具备更好的教育服务能力。

（四）创新与创造力培养

在当今社会，创新能力是一项极为重要的素养，也是未来教育领域所需之人才的共同特质。因此，师范教育课程设计理念中应当突出创新与创造力的培养。通过项目制学习、问题解决等方式，培养学生的创新思维和实际动手能力，使他们能够在未来的教育实践中具备应对复杂问题的能力。

（五）全球化视野

随着全球化的深入，培养具有国际竞争力的教育人才变得尤为重要。师范教育课程设计应当注重培养学生全球化视野，使他们对国际教育动态有清晰的认识，具备与国际同行合作的能力。国际化的教育视野不仅能够提高师范生的综合素质，也有助于推动中国教育事业的发展。

（六）社会责任与公民素养

作为未来社会的中坚力量，师范生应当具备高度的社会责任感和公民素养。师范教育课程设计应当融入培养学生的社会责任感的元素，使他们在教育实践中能够更好地履行自己的社会责任，关心社会问题，为社会进步和发展贡献力量。

师范教育课程设计的基本理念应当是全面、个性化、跨学科、实践导向、创新和全球化。这样的理念不仅有助于培养更加全面发展的教育者，也能够更好地适应当今社会变革的需要。通过理念的不断创新，师范教育将能够更好地为国家培养高素质、适应未来社会需求的教育人才。

二、教育学、心理学在课程设计中的作用

课程设计是教育领域中至关重要的环节，它直接影响着教学质量和学生的学习效果。教育学和心理学两大学科在课程设计中起着重要作用，前者关注教育的本质和原则，后者则研究个体的学习与发展过程。下面将深入探讨教育学与心理学在课程设计中的作用，以期更好地理解两者在培养学生的全面素养和提升教学效果中的重要性。

（一）教育学在课程设计中的作用

制定教育目标与任务：教育学关注教育的本质、目的和价值观，它为课程设计提供了明确的方向。通过教育学的理论支持，课程设计者可以明确课程的教育目标，确保课程内容和结构能够有力地支持这些目标的实现。教育学的研究成果也有助于明确教学任务，确保学生在课程中得到全面的发展。

选用适合的教育理论：教育学提供了多种教育理论，如建构主义、行为主义、认知主义等。在课程设计中，选择适切的教育理论对确定教学方法、设计教学活动以及评价学生学习效果至关重要。不同的理论可以为不同类型的学生提供合适的学习环境，促进他们的认知、情感和技能的全面发展。

关注教学评估：教育学强调评估对教学的重要性。在课程设计中，教育学的视角有助于确定恰当的评估方法和工具，以全面、客观地了解学生的学习状况。通过合理的评估，教师能够及时发现学生的学习问题，调整教学策略，提高课程的教学质量。

关注学生发展阶段：教育学通过对学生发展的研究，提供了在不同发展阶段采用的最佳教学方法。课程设计需要根据学生的认知水平、兴趣特点和发展阶段，合理安排课程内容和教学活动，使之更加符合学生的实际需求，提高学习效果。

实施个性化教学：教育学鼓励个性化教学，注重每个学生的差异性。课程设计应该考虑学生的不同学习风格、兴趣和能力，采用多样化的教学方法和资源，为学生提供更加个性化的学习体验。

（二）心理学在课程设计中的作用

认知过程的理解：心理学研究了人类的认知过程，包括记忆、思维、学习等。在课程设计中，理解学生的认知过程有助于选择合适的教学方法和活动。通过了解学生如何获取、处理和存储信息，教师可以更好地设计教学内容，以促进学生的深层次理解。

学习理论的应用：心理学提供了多种学习理论，如巴甫洛夫的条件反射理论、皮亚杰的认知发展理论等。这些理论为课程设计提供了指导，帮助教师了解学生的学习过程，并设计出更有针对性的教学策略。例如，通过应用认知发展理论，教师可以更好地理解学生在不同年龄段的认知水平，有针对性地设计教学内容。

情感与动机因素的考虑：心理学关注学生的情感与动机，这对课程设计尤为重要。课程应该能够激发学生的学习兴趣，培养积极的学习态度。通过了解学生的动机机制和情感需求，教师可以设计更具吸引力和有效果的教学活动，提高学生的学习动力。

个体差异的关注：心理学研究了个体差异的原因和表现形式，这对课程设计有着深远的影响。课程设计需要充分考虑学生之间的差异，如认知差异、兴趣差异、学习风格差异等。通过差异化的教学设计，能够更好地满足不同学生的需求，促进他们的全面发展。

教育心理学的运用：教育心理学是心理学的一个重要分支，专注于研究教育过程中的心理现象。

第二节　师范教育的课程框架与结构

一、师范教育课程整体结构的设计

师范教育课程的设计是教育体系中的核心环节，直接关系着培养未来教育者的质量和能力。一个科学、合理、有机的师范教育课程结构设计，对提升教育人才的培养质量、适应教育发展需求具有重要的意义。下面将从师范教育课程的总体结构、课程设置原则以及具体课程内容等方面进行阐述，深入探讨师范教育课程的设计。

（一）师范教育课程总体结构设计

师范教育课程的总体结构应当符合教育学、心理学、教育法律法规等方面的基本原理，保障教育者全面、系统地掌握相关知识和技能。以下是师范教育课程总体结构设计的一些建议：

基础教育学科：包括教育学、心理学、社会学等基础学科，旨在让教育者建立坚实的理论基础，了解教育的本质、学生的心理特点和社会文化环境。

专业教育学科：包括教育心理学、课程与教学论、教育管理学等专业学科，旨在培养教育者的专业素养，使其能够灵活运用理论知识解决实际教育问题。

实践教育：包括教育实习、教育实训等实践环节，通过实际操作加深教育者对教育工作的认识，培养实际应用能力。

课程整合与创新：引入跨学科的教育思想和知识，培养教育者具备跨学科综合应用的能力。同时，鼓励课程创新，适应时代发展的需要。

教育技术与信息化：教育技术与信息化已经成为现代教育的重要组成部分，因此在师范教育中应该有相应的课程，培养教育者在信息时代背景下的教育能力。

课程评估与反思：引入课程评估和反思环节，使教育者在学习过程中能够不断总结经验，提高自我认知和专业水平。

（二）课程设置原则

在设计师范教育课程时，需要遵循一些基本原则，以确保课程的科学性和实用性：

前瞻性原则：需要预测未来教育的发展趋势，引入前沿的教育理念和技术，使教育者具备未来教育的应对能力。

全面性原则：课程设置要全面涵盖教育的各个方面，不仅注重理论知识的传授，还要包括实际操作和实践经验的培养。

灵活性原则：课程设置要具有一定的灵活性，能够根据学生的兴趣和特长进行个性化培养，避免"一刀切"导致教育者的单一化。

实践性原则：课程设置要注重实践环节的设计，通过实际操作，让教育者更好地理解理论知识，并培养实际问题解决的能力。

社会性原则：强调与社会的联系，使课程内容贴近社会需求，培养教育者适应社会变革的能力。

（三）具体课程内容

教育学：包括教育史、比较教育学、教育社会学等内容，使教育者了解教育的发展历程和基本理论。

心理学：包括儿童心理学、青少年心理学、发展心理学等内容，使教育者深入了解学生的心理特点，有针对性地进行教学设计。

课程与教学论：包括课程设计、教学方法、评价与测量等内容，培养教育者的教学设计和组织实施的能力。

教育法律法规：使教育者熟悉国家和地区相关的法律法规，增强其法律意识和规范教育行为的能力。

实习与实训：安排教育实习、教育实训，让教育者在真实的教育场景中学习和实践。

教育技术与信息化：包括教育技术应用、在线教育设计等内容，使教育者熟悉现代教育技术，能够灵活运用信息化手段进行教学设计和实施。

跨学科综合课程：引入跨学科的内容，如艺术教育、体育教育、科技教育等，以培养教育者的多元思维和全面素养。

教育管理学：包括学校管理、课程管理、人力资源管理等内容，使教育者具备管理和领导学校的能力。

课程评估与反思：学习如何进行教育评价和反思，帮助教育者不断优化自己的教学方法，提高教育效果。

教育研究方法：学习研究方法，培养教育者对教育问题的独立思考和科研能力。

多元文化教育：引入多元文化教育理念，使教育者具备跨文化沟通和理解能力。

专业发展与道德伦理：学习教育专业的道德规范和职业伦理，培养教育者良好的职业操守。

（四）实践教育环节

实践教育是师范教育的重要组成部分，通过实际操作，教育者能够更好地将理论知识转化为实际教学能力。以下是实践教育的一些环节：

教育实习：安排在学校或其他教育机构进行的实习，让教育者亲身体验教学过程，锻炼教学技能。

教育实训：设置模拟教学、教学设计等实训环节，提供一个模拟的教育环境，让教育者在相对安全的情境中练习和提高。

社会实践：引导教育者参与社区服务、义工活动等社会实践，培养其与社会联系的能力。

校外实践项目：与各类教育机构合作，组织校外实践项目，拓宽教育者的视野，提供更广阔的实践空间。

教育案例分析：引入真实的教育案例，让教育者通过案例分析，深入了解实际问题的解决方法。

（五）课程评估和调整

师范教育课程的评估是保障教育质量的重要手段。评估可以包括学科知识的考核、实践能力的测试、教育论文的撰写等多个方面。同时，评估应该是一个持续的过程，通过学生、教师、雇主等多方参与，及时发现问题，对课程进行调整和优化。

师范教育课程的设计不仅关系着教育者的素质，更关系着整个社会的教育水平和质量。因此，设计师范教育课程的过程需要综合考虑教育学、心理学、社会学等多个学科的知识，注重理论与实践相结合，强调全面素质的培养。希望通过下面的探讨，能够为师范教育课程的设计提供一些建议和思路。

二、师范教育核心课程与选修课程的设置

师范教育的核心任务是培养出色的教育者，这需要一个系统而科学的课程结构。

核心课程和选修课程是师范教育中的两个重要组成部分，它们共同构成了教育者全面发展的基石。下面将深入探讨师范教育中核心课程和选修课程的设计，着重为未来教育者提供全面、灵活和有针对性的培训。

（一）师范教育核心课程的设计

1. 教育学

核心课程之一是教育学，它包括教育史、教育哲学、比较教育学等方面的内容。这些课程旨在让学生了解教育的发展历程、核心理念以及各国教育体系的异同，为未来教育者提供深厚的理论基础。

2. 心理学

心理学是另一个重要的核心课程。通过学习儿童心理学、发展心理学等内容，教育者能更好地理解学生的心理变化和发展规律，有针对性地制定教学计划，提高对学生的个体化关注。

3. 课程与教学论

这门课程涉及课程设计、教学方法、教学评价等方面的知识。通过学习，教育者可以掌握灵活多样的教学设计方法，有效地传递知识，激发学生的学习兴趣，提高教育质量。

4. 教育法律法规

教育法律法规课程将帮助未来的教育者了解并遵守相关法规，保障教育活动的合法性和公正性。这有助于培养教育者的法治观念，提高其法律素养。

5. 实践教育

实践教育是师范教育中不可或缺的一环。通过教育实习、实训等实际操作，学生能够将理论知识转化为实际教学能力。这有助于培养教育者的应变能力和实际解决问题的能力。

6. 教育技术与信息化

在数字化时代，教育技术与信息化是必不可少的核心课程。教育者需要掌握现代教育技术的应用，灵活运用信息化手段进行教学，提高教育效果。

7. 跨学科综合课程

引入跨学科的综合课程，如艺术教育、科技教育等，有助于培养教育者的多元思维和综合素养。这样的设计有助于拓宽教育者的视野，使其更具创新力。

8. 教育研究方法

师范生需要学习科学研究方法，这有助于提高他们解决教育问题的能力。通过独立进行小规模研究，教育者能够更好地理解教育实践，提高教学质量。

9. 多元文化教育

考虑到社会的多元性，多元文化教育也应成为核心课程之一。通过学习多元文化理念，教育者能更好地理解和尊重不同文化背景学生的需求，提供更个性化的教育服务。

10. 专业发展与道德伦理

这门课程将帮助教育者树立正确的职业伦理观念，弘扬职业精神，培养教育者的专业操守和社会责任感。

（二）师范教育选修课程的设置

1. 专业深化课程

选修课程应设置专业深化方向，如中小学不同学科的教育方法、特殊教育、高效教学策略等，使学生能够更深入地了解自己感兴趣的领域。

2. 教育创新与科技应用

在选修课程中，可以设置关于教育创新和科技应用的课程，培养学生教育科技的运用能力，了解教育技术的前沿发展。

3. 学科知识拓展

为了提高教育者的学科知识广度，设置学科知识拓展的选修课程，涉及不同领域的知识，如文学、历史、数学、科学等。

4. 艺术与体育教育

为培养学生的审美情感和身体素养，可以设置艺术与体育教育的选修课程。这有助于提高教育者的全面素质，以培养他们在课堂中更灵活地运用多样的教育手段。

5. 教育心理与辅导

选修课程中可以设置更深层次的教育心理与辅导课程，使学生更加深入地了解学生的心理特点，学习有效的辅导方法，提高对学生的关爱和帮助能力。

6. 国际教育与交流

为了拓宽学生的国际视野，可以设置国际教育与交流的选修课程。这样的课程可以包括国际教育政策、国际学生交流项目等，培养学生的国际化教育意识。

7. 社会问题与教育

选修课程中可以包括社会问题与教育的内容，让学生了解社会问题对教育的影响，培养他们关注社会、关心学生，具备更强烈的社会责任感。

8. 语言与文化教育

为了培养教育者在跨文化环境中更好地进行教育工作，可以设置语言与文化教育的选修课程。学生可以学习不同语言、文化的教育方法和策略。

9. 教育领导与管理

为有志于学校管理与领导的学生设置教育领导与管理的选修课程，培养其组织、协调、领导学校的能力，以适应未来的教育管理需求。

10. 学科竞赛与创新教育

选修课程中可以加入学科竞赛与创新教育的内容，帮助学生了解学科竞赛的组织与指导，培养他们在学科竞赛中发现和培养学生的创新能力。

（三）核心课程与选修课程的关联与整合

为了使核心课程与选修课程更好地关联和整合，需要注意以下几点：

1. 个性化发展规划

学生在入学初期，可以制定个性化的发展规划。在核心课程的基础上，结合自身兴趣和职业方向，选择相应的选修课程，形成系统的学科体系。

2. 项目驱动学习

鼓励项目驱动学习，通过实际项目，将核心课程与选修课程有机结合。例如，在实践教育中，学生可以选择特定项目，结合选修课程的知识进行深度实践。

3. 教育场景模拟

在选修课程中，可以设置教育场景模拟，将教育者置于真实的教育环境中，通过模拟实践，巩固核心课程的知识，提高实际操作能力。

4. 跨学科整合

鼓励跨学科的整合，使得不同领域的核心课程和选修课程能够有机结合。例如，语言与文化教育可以与多元文化教育、国际教育等课程形成互补，提高学生的全球视野。

（四）课程评估与反馈机制

为了确保师范教育课程的质量，需要建立科学的课程评估与反馈机制。评估应覆盖学生、教师、雇主等多方面，包括课程的知识传授、实践操作、创新能力培养等方面。通过定期评估，及时发现问题并进行调整，以不断提升教育质量。

综上所述，师范教育的核心课程和选修课程的设计需要综合考虑教育者的综合素质、个体差异和社会需求。通过合理的核心课程设置，学生能够建立坚实的理论基础；通过多样的选修课程，学生能够在个性化的发展中更好地发挥自身潜力。在核心课程与选修课程的有机整合下，培养出具备全面素质和创新能力的未来优秀教育者。

第三节　师范教育课程内容与目标的制定

一、师范教育课程内容的前瞻性

随着社会的不断发展和变化，教育领域也面临着新的挑战和机遇。师范教育作为培养未来教育者的主要途径，其课程内容的前瞻性显得尤为重要。下面将探讨师范教育课程内容的前瞻性，包括未来教育趋势对课程内容的影响、新兴教育技术的融入以及全球化视野的拓宽。

（一）未来教育趋势对课程内容的影响

1. 教育科技融合

未来教育将更加注重教育科技的融合。师范教育课程需要引入最新的教育技术，培养教育者灵活运用虚拟现实、人工智能等工具进行教学，以提升学生的学习体验和教育效果。

2. 跨学科整合

未来教育越来越强调跨学科学习。师范教育课程需要打破学科壁垒，引入更多跨学科的内容，使教育者具备更广泛的知识背景和综合素质，更好地适应多元化的教育需求。

3. 个性化学习

随着个性化学习理念的兴起，未来教育将更加注重满足学生个体差异的需求。师范教育课程需要培养教育者在教学设计和实施中考虑学生个性化需求的能力，使他们能够更好地应对不同学生的差异。

4. 全球视野

未来教育将更加强调全球视野，培养学生具备跨文化沟通和合作的能力。师范教育课程需要加强国际教育和多元文化教育的内容，使教育者具备开放的国际化视野。

5. 创新与实践

未来教育将更加注重培养学生的创新思维和实践能力。师范教育课程需要通过项目驱动学习、实践教育等方式，激发学生的创造性思维，培养学生实际问题解决的能力。

（二）新兴教育技术在师范教育中的应用

1. 人工智能

人工智能技术已经逐渐应用于教育领域。在师范教育中，可以利用人工智能技术提供个性化的教学建议，分析学生的学习情况，为教育者提供更精准的教学辅助。

2. 虚拟现实（VR）和增强现实（AR）

虚拟现实和增强现实技术可以为教育者提供更生动、直观的教学体验。在师范教育中，可以利用这些技术建立虚拟教室、模拟教学场景，让教育者在虚拟环境中进行实际教学实践。

3. 在线教育平台

在线教育平台为师范教育提供了更多的学习资源和交流平台。教育者可以通过参与在线教育社群、分享教学资源，实现教学经验的全球化分享，促进教育者之间的合作与交流。

4. 智能教育工具

智能教育工具如智能白板、在线测评系统等，可以有效提高教学效率。在师范教育中，教育者可以学习并灵活使用这些工具，以更好地组织和展示教学内容。

5. 数据分析与教学优化

通过大数据分析，可以更好地理解学生的学习情况和教学效果。师范教育课程可以引入数据分析的相关内容，培养教育者利用数据进行教学优化的能力。

（三）全球化视野的拓宽

1. 国际化合作项目

为了培养具备国际化视野的教育者，师范教育可以积极推动国际化合作项目。学生可以参与国际教育交流，亲身体验不同国家的教育体系和教学方法。

2. 多元文化教育

在师范教育课程中加强多元文化教育的内容，让教育者更好地理解和尊重不同文化背景学生的需求。这有助于提高教育者在跨文化环境中的适应能力。

3. 跨国合作研究

促进跨国合作研究项目，使师范教育者能够参与国际性的教育研究。这不仅能够提供不同国家的教育经验，还能够促使教育者更好地理解全球范围内的教育问题和趋势。

4. 国际认证与交流

推动师范教育的国际认证，使学生毕业后能够在全球范围内得到认可。鼓励学生参与国际性的学术交流，提高其国际竞争力。

5. 外语教学与考试

强调外语教学的重要性，为学生提供更多的外语学习机会。此外，应对教育者的外语水平进行考核，鼓励他们参加国际语言考试，提高外语沟通能力。

（四）师范教育课程前瞻性的挑战

1. 技术发展速度

教育技术的发展速度极快，可能导致师范教育者无法及时跟进最新的技术应用。因此，师范教育课程需要建立灵活的更新机制，确保教育者能够紧跟技术的发展步伐。

2. 学科融合的难度

跨学科的整合需要师范教育者具备更广泛的知识背景，但传统的学科划分可能导致学科融合的难度。师范教育课程需要采用更开放、灵活的学科设置，帮助教育者更好地适应学科融合的要求。

3. 个性化学习的挑战

虽然个性化学习是未来的趋势，但实际操作上仍然存在一些挑战。每个学生的个性化需求不同，如何在有限的教学资源下实现个性化学习是一个亟待解决的问题。

4. 教育公平的问题

教育技术的应用和全球化视野的拓展可能会带来教育资源分配不均等问题，导致教育公平的挑战。师范教育课程需要注重培养教育者的公平意识，以更好地应对这一问题。

（五）未来发展方向和建议

1. 教育科技与教育方法融合

未来的师范教育课程需要更加强调教育科技与传统教育方法的融合。教育者应该学会灵活运用各种技术手段，但也不能忽视传统的教育智慧。

2. 实践导向与项目驱动

强调实践导向的教学，通过项目驱动学习，使教育者在实际问题中获得经验，培养解决问题的实际能力。

3. 跨学科知识与多元素质培养

加强跨学科知识的培养，使教育者具备更广泛的知识背景。同时，强调多元素质的培养，包括创新能力、团队协作能力等。

4.国际化合作与全球视野

加强国际化合作项目，促进学生的国际交流与合作。注重培养全球视野，使教育者能够更好地适应全球化的教育环境。

5.持续学习与适应能力

鼓励教育者进行持续学习，提高适应新事物和新理念的能力。建议建立教育者的职业发展体系，为其提供不断学习的机会。

未来的师范教育课程需要在适应技术发展、跨学科整合、全球化视野等方面做出积极的调整。面对挑战，也需要看到机遇，通过更灵活、前瞻性的课程设计，培养更具创新力和全球竞争力的优秀教育者。师范教育的前瞻性不仅关系到教育者个体的发展，更关系到整个社会的教育质量和水平的提高。

二、师范教育课程目标的多元化与综合性

师范教育是培养未来教育者的关键阶段，其课程目标的多元化与综合性至关重要。随着社会的变革和教育领域的发展，培养具备多方面素质的教育者已成为师范教育的目标之一。本节将深入探讨师范教育课程目标的多元化与综合性，包括对学科知识、教育技能、全人素养等方面的全面培养。

（一）学科知识的多元化与综合性

1.学科广度与深度

师范教育的第一目标是确保教育者具备扎实的学科知识。这不仅包括广度上对多个学科的了解，也包括深度上对自己专业领域的深刻理解。例如，在小学教育专业中，教育者需要深入理解语文、数学、科学等学科，以提供全面的教育支持。

2.跨学科整合

课程目标应鼓励跨学科整合，使教育者能够在不同学科之间建立关联，将知识整合运用到教学实践中。跨学科整合有助于培养学生的综合素质，提高他们解决复杂问题的能力。

3.学科发展趋势

考虑到学科知识的不断发展，课程目标需要注重教育者对学科发展趋势的了解。这包括最新的学科研究、前沿技术的应用等，以保证教育者始终保持学科知识的更新。

（二）教育技能的多元化与综合性

1.教学设计与实施

师范教育课程应强调教学设计与实施的能力培养。教育者需要学会设计符合学

生需求和教育目标的课程，并能够有效地将设计的课程运用到教学实践中。

2. 教育技术应用

在数字化时代，教育者需要具备运用教育技术的能力。这包括利用在线教学平台、教育应用程序等进行教学，以提高教学效果和学生参与度。

3. 个性化教育

多元化的学生群体需要个性化的教育服务。因此，师范教育课程的目标应包括培养教育者设计和实施个性化教育的能力，关注每个学生的发展需求。

4. 评价与反思

教育者需要具备科学的评价和反思能力。师范教育课程应培养教育者能够客观、全面地评估学生的学习成果，并通过反思不断提高自己的教学水平。

5. 教育领导与团队协作

培养教育者的领导与团队协作能力，使其在学校内部能够更好地领导班级，并与同事、家长形成良好的协作关系。这种综合性的技能对提高学校整体教学质量至关重要。

（三）全面素养的多元化与综合性

1. 人文素养

师范教育的目标应该包括培养教育者的人文素养。这不仅包括对文学、历史、哲学等人文科学的了解，还包括对人类价值观念、伦理道德的关注。人文素养有助于教育者更好地理解学生，引导他们的成长。

2. 社会责任感

教育者是社会的引导者，因此师范教育课程的目标应包括培养教育者的社会责任感。这涵盖了对社会问题的关注、对弱势群体的关爱，以及引导学生积极参与社会活动的能力。

3. 创新与解决问题的能力

师范教育的目标之一是培养教育者的创新思维和解决问题的能力。教育者不仅仅是知识的传递者，更是能够引导学生运用知识解决实际问题的引导者。

4. 情感智慧

理解和引导学生情感发展是教育者的一项重要任务。因此，师范教育课程的目标应包括培养教育者的情感智慧，使其能够更好地理解学生的情感需求，并在教学中给予恰当的支持。

5. 跨文化交流与理解

全球化时代要求教育者具备跨文化的交流与理解能力。师范教育的目标应该包括培养教育者的跨文化沟通能力，使其能够更好地适应多元文化的教育环境。

（四）课程目标的多元化与综合性的实现途径

1. 跨学科的综合课程设置

在师范教育课程中引入跨学科的综合课程，将学科知识、教育技能和全人素养有机结合。通过这样的设置，可以促使学生更全面地思考和应对教育问题。

2. 实践性强的教育实习

将课程目标转化为实际能力需要实践的支持。强调实践性强的教育实习是培养综合素质的有效途径。学生通过实际教学经验，能够更好地理解和运用所学的知识与技能。

3. 多元评估方法

采用多元化的评估方法，不仅关注学生的学科知识水平，还要考查他们的教育技能和全面素养。这有助于综合评价学生在不同方面的发展。

4. 跨学科的师资队伍

构建跨学科的师资队伍，吸引来自不同学科和领域的专业人才参与师范教育。这样的师资队伍能够更好地贴合多元化的课程目标，为学生提供更广泛的知识视野。

（五）挑战与应对策略

1. 教育体制的创新

当前教育体制可能存在僵化的问题，难以适应师范教育多元化与综合性的需求。因此，需要对教育体制进行创新，打破学科壁垒，促进课程目标的整合与实践。

2. 持续专业发展

教育者的专业发展是课程目标实现的基础。建议建立和鼓励教育者参与持续专业发展的机制，包括参与研讨会、学术会议、进行进修学习等，以不断提高自身素质。

3. 教育资源的优化

确保充足、高质量的教育资源，包括最新的学科资料、优秀的教育技术工具以及多元化的文化体验。优化教育资源可以更好地支持师范教育的多元目标。

4. 社会认知与支持

师范教育课程目标的多元化与综合性需要社会的认知与支持。通过加强与社会的沟通与合作，使社会更加理解和认可师范教育的重要性，共同推动师范教育课程目标的实现。

师范教育课程目标的多元化与综合性是适应现代教育需求的必然选择。这不仅关系到教育者的个体发展，更关系到整个教育体系的质量提高。通过全面培养学科知识、教育技能和全人素养，师范教育者能够更好地应对复杂多变的教育环境，为学生提供更具有深度和广度的教育服务。同时，应对相应的挑战，通过创新教育体制、促进专业发展、优化教育资源等途径，推动师范教育课程目标的全面实现。这样的努力将有助于培养更具有综合素质的优秀教育者，为未来社会的发展和学生的成长贡献更多的力量。

第四节　师范教育教学资源与材料的选择

一、师范教育优质教材的选取与编写

师范教育的核心任务之一是培养出色的教育者，而教材作为教学过程中的基础资源，对学生的学习和教育者的教学起着至关重要的作用。本节将探讨师范教育中优质教材的选取与编写，涉及教材的特点、选取标准、编写原则以及未来发展方向。

（一）师范教育教材的特点

1. 针对目标人群

师范教育教材的第一个特点是要紧密围绕师范生的培养目标。教材应该符合培养优秀教育者的要求，包括学科知识、教学技能、教育理论等方面的内容，以确保学生全面发展。

2. 理论与实践结合

师范教育的本质是培养实际应用能力强的教育者。因此，教材需要在理论知识的基础上，注重实际案例的引入，促使学生将所学理论与实际教学相结合。

3. 多样性与灵活性

考虑到学生群体的多样性，师范教育教材应该具有多样性，以满足不同学生的学习需求。同时，教材的设计要灵活，能够适应不同教学场景和方法。

4. 最新性与前瞻性

教育领域不断发展，师范教育教材要保持最新性和前瞻性。内容应该反映最新的教育理论、科研成果和教学方法，以确保师范生接触到最前沿的知识。

（二）优质教材的选取标准

1. 符合教学目标

首要标准是教材要与师范教育的教学目标相契合。无论是学科知识的深度还是教学技能的培养，教材都应该对培养合格的教育者有明确的贡献。

2. 反映最新研究与实践

教材应该基于最新的研究成果和实践经验。选择那些有权威性、先进性的教材，能够使学生更好地理解和应用最新的教育理论和方法。

3. 可操作性与实用性

教材应具有很强的可操作性和实用性，使学生能够通过学习教材直接参与到实际教学中。理论知识要有实际案例和教学操作指导，使之更易理解和掌握。

4. 多元文化视角

考虑到现代教育环境的多元化，教材应该具有多元文化的视角。能够涵盖不同文化背景、教育体系和价值观，培养学生具备跨文化交流的能力。

5. 评价体系完善

教材的选取要考虑其评价体系是否完善。一个好的教材需要有清晰的评价标准，以便教育者和学生能够明确学习的方向和目标。

（三）优质教材的编写原则

1. 教学理念的体现

编写教材时，应该充分体现教育者的教学理念。通过教材，能够使学生理解作者的教育观点，进而形成自己的教育理念。

2. 合作编写与审定

优质教材的编写应该是一个团队合作的过程。多个专业领域的专家、教育实践者共同参与，确保教材的学科深度和实践性。

3. 灵活的章节设置

在教材的编写中，应该采取灵活的章节设置，以适应不同学生的学习需求。有的学生可能需要更多的实际案例，而有的学生可能更注重理论知识。

4. 鼓励批判性思维

教材的编写应该鼓励学生进行批判性思维。通过引入争议性的话题、提出问题等方式，培养学生独立思考和分析问题的能力。

5. 多媒体辅助

随着科技的发展，教材的编写应该充分利用多媒体技术，包括图像、视频、音频等，以提升学生的学习体验和理解深度。

（四）未来发展方向

1. 引入人工智能和虚拟现实

未来的优质教材发展方向之一是引入人工智能和虚拟现实技术。通过智能化的教学辅助工具，教材可以更好地根据学生的个性化需求进行定制，提供更具针对性的学习资源。虚拟现实技术可以创造出身临其境的教学场景，提供更为直观、深入的学习体验。

2. 开放式教材资源

未来的发展趋势之一是开放式教材资源的推广。采用开放式教材可以降低学习成本，促进知识的广泛传播。这需要建立更多的在线教育平台，推动教材资源的共享和互动。

3. 社会互动与合作

教材未来的发展应更注重社会互动与合作。结合社交媒体、在线讨论平台等工具，使教材具有更强的社会性，促进学生之间的交流合作，提高学习效果。

4. 智能化评价系统

未来的教材可能会融入智能化评价系统，通过人工智能技术对学生的学习过程进行实时监测和反馈。这有助于个性化评估，及时调整教学策略，提高学习效果。

5. 跨学科整合

未来的师范教育教材可能更强调跨学科整合。教育者需要综合运用各个学科的知识和技能，解决复杂的教育问题。因此，教材应该促进学科之间的交叉融合，培养教育者的综合素质。

（五）挑战与应对策略

1. 技术应用的平衡

随着科技的发展，教材中引入新技术的速度加快，但需要平衡技术应用与教育原则之间的关系。应该确保技术工具的使用不仅仅是为了新奇感，更要服务于教学效果的提高。

2. 教育资源的可及性

开放式教材资源的推广面临着资源的可及性问题。在未来的发展中，需要解决一些地区和学生群体无法充分利用开放式资源的问题，保障教育资源的公平共享。

3. 学科整合的难度

跨学科整合在教材编写中可能会遇到难度，因为不同学科之间存在差异性。应对策略包括建立跨学科编写团队，加强沟通与合作，确保整合的质量和有效性。

4.个性化学习挑战

实现教材的个性化学习需要克服技术、教学资源和评价体系等多方面的挑战。在未来，需要建立更完善的个性化学习模型，提供更灵活、多样的学习路径。

师范教育优质教材的选取与编写对培养卓越的教育者至关重要。未来，随着技术的发展和教育理念的不断更新，教材将更注重个性化学习、跨学科整合和社会互动。同时，面临的挑战也需要通过更创新的方式和多方协同来克服。通过不断完善教材体系，师范教育可以更好地适应现代教育的需求，为培养更多优秀的教育者做出贡献。

二、多媒体与互联网资源在师范教育中的应用

随着科技的迅猛发展，多媒体与互联网资源在教育领域的应用越发重要。师范教育，作为培养未来教育者的重要阶段，亦深受这一趋势的影响。下面将深入探讨多媒体与互联网资源在师范教育中的应用，涵盖其优势、挑战、实践案例以及未来发展方向。

（一）多媒体与互联网资源的优势

1.多样性的信息表达形式

多媒体资源包括文字、图像、音频、视频等多种表达形式，能够满足不同学生的学习风格和需求。这样的多样性使得师范生能够更灵活地获取和理解知识。

2.实际案例与场景还原

通过多媒体资源，师范生可以接触到更多真实的案例和教学场景。这有助于加深对教学理论的理解，并能够在实践中更好地运用这些理论。

3.个性化学习支持

互联网资源能够提供个性化学习支持，根据师范生的学习进度、兴趣和需求，定制化学习路径。这种个性化的学习体验有助于更好地满足每个师范生的培养需求。

4.协同学习和远程教育

多媒体与互联网资源支持协同学习和远程教育，师范生可以通过在线平台共享资源、参与讨论，甚至进行实时互动。这拓宽了学习的空间和时间，有利于构建全球性的学习社群。

（二）多媒体与互联网资源在师范教育中的应用场景

1.在线课程和学位项目

许多师范教育机构都提供在线课程和学位项目，通过互联网资源使师范生能够

方便地进行远程学习。这样的项目通常包括教育理论、教学方法和实习经验等内容。

2. 教学视频和案例分享

教学视频和案例分享是师范教育中常见的多媒体资源应用。教学视频可以展示优秀教育者的教学过程，案例分享可以为师范生提供更多实际教学经验的参考。

3. 虚拟实践与模拟教学

利用虚拟实践和模拟教学，师范生可以在虚拟环境中进行教学实践。这有助于培养教学技能，提前面对真实课堂中可能遇到的挑战。

4. 云端资源库和社交媒体平台

建设云端资源库和利用社交媒体平台分享教学资源，使师范生能够获取来自全球的优质教育资源，加强教学经验的交流与分享。

5. 个性化学习平台

一些机构开发了个性化学习平台，通过学习分析和人工智能技术，为师范生提供量身定制的学习内容和活动，提高学习效果。

（三）多媒体与互联网资源在师范教育中的挑战

1. 技术设施和数字鸿沟

在一些地区或学校，由于技术设施不足或数字鸿沟存在，部分师范生可能无法充分利用多媒体与互联网资源，导致学习资源的不均衡。

2. 质量和可信度问题

互联网上的教育资源参差不齐，存在质量和可信度的问题。师范生需要培养对信息的批判性思维，以正确评估和选择学习资源。

3. 学习动力和自律性

在线学习和利用多媒体资源需要师范生具备一定的学习动力和自律性。一些学生可能面临缺乏学习动力、容易分心等问题。

4. 教育理念的传承

传统的师范教育中注重的是面对面的教学和实践经验传承，而互联网和多媒体资源的使用可能导致这种传承被削弱。如何在新技术的应用中保持教育理念的传承是一个挑战。

（四）多媒体与互联网资源在师范教育中的未来发展方向

1. 智能化个性化学习

未来的发展方向之一是将人工智能技术应用于师范教育，实现更智能化的个性化学习。通过分析学生的学习行为和反馈，智能系统可以为每位师范生提供更精准的学习支持和建议。

2. 虚拟现实和增强现实应用

虚拟现实和增强现实技术可以提供更为沉浸式和真实的教学体验。在未来，这些技术可能在模拟教学、虚拟实践等方面得到更广泛的应用，增强师范生的实际教育经验。

3. 区块链技术的应用

区块链技术可以确保教育资源的透明性和真实性，防止信息篡改。在未来，区块链技术可能被用于建立更安全、可信的教育资源平台。

4. 协同教学与全球学习社区

加强协同教学和全球学习社区的建设，促进师范生与来自不同地区和文化背景的教育者的合作与交流。这有助于拓宽学生视野，提高国际化素养。

5. 教育资源的共建共享

建立更多的开放式教育资源平台，推动教育资源的共建共享。教育机构和教育者可以通过共同努力，创造更多优质的教育资源，促进全球师范教育的发展。

（五）教育机构和师范生在利用多媒体与互联网资源中的角色

1. 教育机构的责任

教育机构需要加强师资队伍的培训，使教育者能够更好地利用多媒体与互联网资源进行教学。同时，建设和维护开放式教育资源平台，为师范生提供高质量的学习资源。

2. 师范生的自主学习

师范生需要培养自主学习的能力，主动利用多媒体与互联网资源进行学习。他们应该具备对信息的辨别和评估能力，善于挖掘和利用网络上的丰富资源。

3. 协同合作

教育机构和师范生之间应加强协同合作。教育机构可以通过建设在线社区、开展合作项目等方式，促进师范生之间的协同学习和经验分享。

多媒体与互联网资源在师范教育中的应用是一个不断发展和完善的过程。在这个过程中，我们需要认真面对挑战，努力探索更好的教育模式和教学手段。通过充分利用新兴技术，可以更好地培养出适应未来教育需求的优秀教育者。在未来，随着科技的不断创新和教育理念的演进，多媒体与互联网资源将持续发挥着重要的作用，为师范教育提供更多可能性。

在应对挑战和迎接未来的发展中，教育者和教育机构需要保持敏锐的观察力，不断更新教学理念和方法，提高师范生的综合素质。同时，社会和政策层面也需要支持师范教育的现代化和国际化发展，为教育者和学生提供更好的学习环境和发展机会。

通过共同努力，多媒体与互联网资源将为师范教育带来更多创新，为培养具有全球视野和高水平专业素养的教育者做出贡献。师范教育将在数字时代迎来更为灿烂的发展，为社会培养出更多具有责任感和创造力的教育领军人才。

第五节　师范教育跨学科教育与课程改革

一、师范教育跨学科教育的理论基础

师范教育跨学科教育是一种将不同学科知识和技能有机整合的教育模式，旨在培养具备跨学科思维和综合素养的教育者。跨学科教育强调不同学科之间的相互关联和综合运用，有助于培养学生更全面的能力和更深层次的理解。本节将深入探讨师范教育跨学科教育的理论基础，包括跨学科教育的概念、发展历程、理论体系以及在师范教育中的具体应用。

（一）跨学科教育的概念

1.定义

跨学科教育是指超越学科界限，融合两个或两个以上学科的知识、理论、方法和实践，以创造新的理解、新的视角、新的解决方案。这种教育方式强调学科之间的相互渗透和整合，使学生能够综合运用各学科的知识解决现实问题。

2.特征

整合性：跨学科教育通过整合不同学科的知识，使之形成有机的整体，而不是简单地并列存在。

问题导向：跨学科教育强调通过解决实际问题来整合学科知识，注重学生的问题解决能力。

互动性：学科之间的融合不是孤立的，而是通过互动和对话实现的，促进学科之间的合作与沟通。

（二）跨学科教育的发展历程

1.起源与初期发展

跨学科教育的思想根源可以追溯到20世纪初。早期的跨学科教育主要是一些学者在特定研究项目中为解决实际问题而进行的实践探索，如社会学、心理学和人类学的交叉研究。

2.20 世纪中期到 70 年代

在这一时期，跨学科教育逐渐成为学术界和教育界的关注焦点。学术机构开始设立跨学科专业，教育领域也开始探索如何在教育过程中引入跨学科元素。

3.20 世纪 80 年代至今

近几十年来，随着社会问题日益复杂，对人才的需求更加多元化，跨学科教育进入了一个新的阶段。许多大学和教育机构纷纷推出跨学科教育项目，跨学科研究逐渐成为科研领域的重要方向。

（三）跨学科教育的理论基础

1.同质化理论

同质化理论认为，学科之间的界限对知识的创新和发展有阻碍作用。通过打破学科的界限，可以促进新思想的产生和学科知识的创新。

2. 整合理论

整合理论强调不同学科之间的知识和技能可以在实践中被整合和运用，从而形成更具创造性和实用性的知识体系。整合理论强调整体性思维，注重对学科之间关系的理解。

3. 建构主义理论

建构主义理论认为，知识是通过个体和群体在社会文化环境中的交互建构而成的。跨学科教育可以提供多元的学科背景，促使学生在社会文化互动中建构知识。

4. 交叉认知理论

交叉认知理论认为，学科之间的交叉可以促使个体形成更为广泛、复杂和深刻的认知结构。通过学习和运用不同学科的知识，个体的认知结构可以更加灵活和丰富。

（四）师范教育跨学科教育的实践与挑战

1. 实践案例

（1）课程设计

在师范教育中，一些学校通过重新设计课程，将原本分散的学科知识整合在一起，使师范生能够更全面地理解和应用教育理论。

（2）教学团队协作

建立由不同学科背景的教师组成的教学团队，共同承担课程的设计和教学任务，通过协作实现跨学科教育的目标。

（3）实践项目

将跨学科理论引入实践项目，如教育实习、社区服务等，使师范生能够在实际问题中应用跨学科的知识和技能，培养解决实际问题的能力。

2. 面临的挑战

（1）课程整合难度

在传统的师范教育体系中，学科划分明确，课程设置相对独立。要实现跨学科教育，需要克服课程整合的难度，确保整合后的课程既有深度又有广度。

（2）教育评估体系的建设

传统的教育评估体系主要基于单一学科的标准，跨学科教育需要建设更为全面、综合的评估体系，涵盖多学科知识和综合素养。

（3）师资队伍的培养与支持

师范教育的师资队伍通常具有相对单一的学科专业背景，需要加强对教师的跨学科培训和支持，使其具备设计和实施跨学科教育的能力。

（4）机构和体制限制

学校和教育机构的组织体制常常设有明确的学科部门，推动跨学科教育需要突破体制壁垒，形成更为灵活的管理机制。

（五）未来发展方向与对策

1. 加强师资培训

未来师范教育跨学科教育的发展需要加强对师资的培训，提高教师的跨学科教育能力。培训内容应包括跨学科教育理念、课程设计、评估体系等方面。

2. 创新课程设计

推动跨学科教育需要不断创新课程设计，引入新的教学模式和方法。设计师范生实践项目、跨学科研究等活动，使其能够在实际中体验和应用跨学科知识。

3. 建设跨学科研究平台

为促进师范生的跨学科思维和研究能力，学校可以建设跨学科研究平台，提供资源支持和交流平台，鼓励师范生参与实际问题的解决和研究工作。

4. 推动教育改革

要推动师范教育跨学科教育的发展，需要在教育体制和政策上进行改革。政府和学校可以制定相应政策，鼓励并支持师范教育机构开展跨学科教育实践。

5. 强化跨学科教育的评价体系

建立全面、科学的评价体系，包括对学科知识、跨学科思维、解决问题能力等方面的评价。这有助于确保跨学科教育的质量和有效性。

师范教育跨学科教育的理论基础是多方面的，包括同质化理论、整合理论、建构主义理论和交叉认知理论等。通过实际的教育实践，师范生能够在跨学科的学习环境中培养综合素养，更好地适应和应对复杂多变的教育现实。未来的发展需要克服一系列挑战，加强师资队伍培训、创新课程设计、建设研究平台等方面的工作，促进师范教育跨学科教育的全面发展。这将有助于培养更具创新力和综合能力的教育者，更好地满足社会对优质教育的需求。

二、师范教育跨学科课程改革的挑战与机遇

师范教育的核心任务是培养未来的教育者，使其具备全面的教育知识和跨学科能力。随着社会的不断发展和教育理念的演变，师范教育跨学科课程改革逐渐成为关注的焦点。本节将深入探讨师范教育跨学科课程改革所面临的挑战与机遇，以期为师范教育改革提供参考与启示。

（一）挑战与机遇的背景

1.跨学科教育的背景

传统的学科划分在一定程度上限制了学科知识的整合和学科之间的交叉应用。跨学科教育强调通过整合不同学科的知识，培养学生更全面的思维和解决问题的能力。

2.师范教育的使命

师范教育的目标是培养优秀的教育者，要求其具备跨学科的综合素养，能够在实际教学中灵活运用不同学科的知识，更好地服务于学生的全面发展。

（二）挑战与机遇

1.挑战

（1）传统学科壁垒

传统的学科体系和教育机构设置的学科专业门槛，使得跨学科课程改革面临传统壁垒的阻碍。学科之间的界限往往导致难以整合的问题。

（2）课程整合与深度矛盾

跨学科课程改革要求在整合学科的同时保持足够的深度，使学生既能够形成对学科的全面理解，又能够在实际工作中运用所学知识。

（3）教师跨学科培训

师范教育的教师多数具备单一学科的专业背景，因此，跨学科课程的成功实施需要教师接受跨学科培训，提高他们的跨学科教学水平。

（4）评估体系的建设

传统的学科评估体系难以全面评价跨学科课程的效果。因此，建设能够客观、全面评价学生跨学科能力的评估体系是一个挑战。

2. 机遇

（1）社会需求的机遇

随着社会发展的需求越来越多元化，学生需要具备更全面的能力。跨学科课程改革为满足社会对多才多艺人才的需求提供了契机。

（2）教育技术的支持

现代教育技术的发展为跨学科课程提供了强有力的支持。虚拟现实、在线教育平台等技术工具可以丰富跨学科课程的教学手段，提升学习效果。

（3）跨学科研究的前沿

跨学科研究的不断深入为跨学科课程改革提供了丰富的学科内容和实践案例。将最新的跨学科研究成果引入课程，有助于培养学生的前沿思维。

（4）国际交流的机遇

随着全球化的推进，国际交流和合作成为师范教育跨学科课程改革的机遇之一。通过与国际先进经验的交流，师范教育可以借鉴其他国家成功的跨学科课程改革经验，促进自身的发展。

（三）应对挑战的策略

1. 促进学科整合

制定相关政策：学校和教育主管部门可以制定政策，鼓励学科之间的合作与整合，推动跨学科课程改革。

设立跨学科中心：学校可以设立跨学科教育研究中心，促进不同学科之间的交流与合作。

2. 加强教师培训

制订跨学科培训计划：学校可以制订跨学科培训计划，为教师提供相关的培训课程，提升他们的跨学科教学能力。

组织教研活动：学校可以组织跨学科教研活动，教师可以分享教学经验，互相学习。

3. 创新课程设计

引入项目式学习：设计项目式学习课程，使学生能够在解决实际问题的过程中，跨学科运用所学知识。

建立实践平台：学校可以与社会合作，建立实践平台，为学生提供跨学科实践的机会。

4.完善评估体系

设计跨学科评价工具：制定能够全面评估学生跨学科能力的评价工具，包括综合考核、实际项目评估等。

建立评估标准：制定明确的跨学科评估标准，确保评估的客观性和公正性。

（四）抓住机遇的策略

1.融入社会需求

与企业合作：学校可以与企业合作，了解社会对人才的需求，调整课程设置，使之更符合社会需求。

建立实习基地：建立实习基地，让学生在实际场景中接触和解决真实问题，提高实际操作能力。

2.积极利用教育技术

引入在线教育：利用在线教育平台，为学生提供更广泛、更灵活的学科资源，丰富跨学科课程内容。

开发教育APP：开发教育APP，提供学科交叉学习的资源和工具，帮助学生更好地学习。

3.引入跨学科研究成果

设立研究平台：学校可以设立跨学科研究平台，将研究成果与课程内容相结合，为学生提供最新的学科知识。

鼓励学生参与研究：鼓励学生参与跨学科研究项目，培养其对学科交叉研究的兴趣和能力。

4.推动国际交流

建立国际合作项目：学校可以与国外学校建立合作项目，推动国际交流，吸取其他国家的跨学科课程改革经验。

组织国际研讨会：定期组织国际研讨会，以促进教育者之间的交流与合作，分享跨学科教育的最佳实践。

（五）未来展望

在面对跨学科课程改革的挑战和机遇时，师范教育需要不断创新，适应社会的发展需求。可以预见以下趋势：

1.教育技术与数字化教学

随着教育技术的不断发展，数字化教学工具将成为跨学科教育的助力。虚拟现实、在线教育平台等技术手段将提供更灵活、多样化的学科资源，帮助学生更好地进行跨学科学习。

2. 项目化学习与实践导向

未来跨学科课程将更加注重项目化学习和实践导向。学生通过参与真实项目、实践活动，实际运用跨学科知识解决问题，提高实际操作能力。

3. 国际化与全球视野

全球化的趋势将推动师范教育更加国际化。学校将加强与国外学府的合作，推动国际交流项目，培养具备全球视野的未来教育者。

4. 跨学科评估体系的完善

为了更准确地评估学生的跨学科能力，未来的发展将强调建设更为完善的跨学科评估体系，包括定量和定性的评估手段，确保评估的科学性和公正性。

5. 跨学科研究的深入

跨学科研究将更加深入，为跨学科课程提供源源不断的新知识。学校可以通过建设跨学科研究平台，推动教育者参与国际前沿研究。

师范教育跨学科课程改革面临着一系列的挑战，但也蕴藏着巨大的发展机遇。通过创新教学方法、强化教师培训、利用教育技术等手段，师范教育可以更好地培养具备综合素养和跨学科思维的教育者。在全球化的背景下，师范教育的国际化发展和国际交流将成为未来的重要趋势。通过不断总结经验、借鉴先进理念，师范教育跨学科课程改革将为培养更具综合素质的教育者做出积极的贡献。

第四章　师范教育教学方法与策略

第一节　师范教育传统教学方法的评估

一、师范教育传统讲授法的优缺点

师范教育是培养未来教育者的关键阶段，而教学方法的选择在很大程度上影响着师范生的专业素养和教育观念。传统讲授法作为一种传统的教学模式，在师范教育中曾长期占据主导地位。本节将就师范教育传统讲授法的优缺点展开探讨，以深入了解这一教学方法的特点、优势和不足之处。

（一）传统讲授法的优点

1. 结构清晰、内容明确

传统讲授法以教师为中心，通过讲解、示范等方式传达知识，使课程结构清晰，内容明确。这有助于师范生系统地掌握各门学科的基本理论和知识。

2. 教师掌握权威性

在传统讲授法中，教师通常是知识的主要传递者，具有较高的权威性。这有助于建立起师生之间的威信关系，使得学生更容易接受教师的指导和教诲。

3. 适用于基础知识的传授

传统讲授法适用于基础知识的传授，尤其是那些较为抽象、理论性强的学科。在这些学科中，教师的讲解可以帮助学生理解和掌握抽象概念，建立起知识体系。

4. 适用于大规模授课

由于传统讲授法注重教师对知识的传递，适用于大规模授课的场景。教师可以通过一对多的方式向多名学生传达知识，提高教学效率。

（二）传统讲授法的缺点

1. 缺乏互动与参与

传统讲授法以教师为主导，学生为被动接受者，缺乏学生与教师之间的真正互动。学生在这种模式下难以充分参与课堂，发表自己的观点和思考。

2. 忽视学生个体差异

传统讲授法难以满足学生个体差异的需求。因为教学过程主要受教师控制，缺乏对学生个体差异的个性化照顾，容易导致学生的学习兴趣下降。

3. 不利于培养学生的创新能力

传统讲授法侧重于知识的灌输和传递，而较少注重培养学生的创新能力、解决问题的能力和实际操作技能。这在当今注重创新的社会中显得相对滞后。

4. 学生记忆为主，理解与应用受限

由于传统讲授法强调教师对知识的传递，学生容易陷入死记硬背的境地，理解和应用能力相对受限。学生的学习更侧重于通过背诵记忆掌握知识，而非深刻理解和运用。

（三）传统讲授法在师范教育中的应用

1. 基础知识的传授

在师范教育中，一些基础性、理论性较强的学科，如教育心理学、教育法律法规等，传统讲授法可以作为有效的教学手段。教师可以通过系统的讲解，帮助学生建立理论框架。

2. 案例教学和示范

传统讲授法可以与案例教学、示范相结合，以提高教学效果。在教学中，教师通过具体案例和实际示范，使抽象的理论知识更具体、更容易理解。

3. 教学内容的组织与设计

在师范教育中，传统讲授法有助于教学内容的组织和设计。教师可以通过讲授法将知识有机串联，形成完整的教学体系，使师范生更好地掌握教育知识。

4. 跨学科知识的整合

传统讲授法在整合跨学科知识方面也有一定优势。教师可以通过系统的讲解，将跨学科的知识整合在一起，为师范生提供全面的专业知识。

（四）创新与发展

1. 引入互动式教学

传统讲授法的不足之处在于缺乏学生与教师之间的互动。当前，引入更多的互

动式教学方法成为创新的方向。互动式教学包括小组讨论、案例分析、问题解决等形式，通过激发学生的积极性，增强他们的学习参与度，培养学生批判性思维和团队合作能力。

2. 强调问题导向教学

问题导向教学强调学生通过解决实际问题来学习知识。与传统讲授法注重知识传递不同，问题导向教学更注重学生的主动参与和实际应用能力的培养。在师范教育中，引入问题导向教学可以使师范生更好地理解教育理论，并在实际教学中更有针对性地运用这些理论。

3. 利用现代教育技术

现代教育技术的发展为教学提供了新的可能性。通过引入多媒体教学、在线教育平台、虚拟实验室等工具，可以丰富教学手段，使师范生更直观地理解教育理论，提高教学效果。同时，利用在线平台，可以实现师生互动、远程教学，打破时间和空间的限制。

4. 注重实践和实习

在师范教育中，实践和实习是培养教育者实际操作能力的有效手段。相对传统讲授法，将更多的课程设计为实践性强、能够让学生走出教室参与实际教育活动的形式，能够更好地锻炼师范生的教学能力和应变能力。

5. 强调跨学科教育

当前，跨学科教育的理念逐渐被重视。通过整合不同学科的知识，培养学生更全面的思维和解决问题的能力。在师范教育中，引入跨学科教育理念，使师范生能够更好地应对复杂多变的教育现实。

传统讲授法在师范教育中有其独特的优势，但也存在一系列的不足。为了更好地培养适应社会发展需求的优秀教育者，师范教育需要不断创新，引入更多的互动式教学、问题导向教学、现代教育技术及跨学科教育的理念。师范教育应该注重培养学生的实际操作能力、创新能力和团队协作精神，使他们更好地适应和引领未来的教育发展。通过对传统讲授法的优缺点的深入了解，并结合当下的教育需求，我们可以更科学地选择和应用教学方法，促进师范生的全面发展。

二、师范教育互动式教学的效果评估

师范教育的目标是培养未来的教育者，使其具备丰富的教育理论知识和实际教学经验。互动式教学作为一种强调学生参与和合作的教学方法，在师范教育中逐渐引起了广泛关注。本节将探讨师范教育互动式教学的定义、特点，以及对其效果进行评估的方法和工具。

（一）师范教育互动式教学的定义与特点

1. 互动式教学的定义

互动式教学是一种强调教学过程中师生互动、学生之间互动的教学方式。在这种教学模式中，学生不再是被动的知识接收者，而是积极参与到教学过程中，通过讨论、合作、提问等方式实现对知识的建构。

2. 特点

学生参与度高：互动式教学强调学生的主动参与，通过小组讨论、角色扮演、案例分析等方式，激发学生的学习兴趣和积极性。

学生合作能力培养：互动式教学注重学生之间的互动合作，培养学生团队协作和沟通能力。

多样化的教学手段：教师可以运用多种教学手段，如课堂讨论、小组活动、实践案例分析等，满足不同学生的学习需求。

个性化学习：通过互动式教学，教师能更好地了解学生的学习状态，有针对性地进行个性化辅导和指导。

（二）师范教育互动式教学的效果评估方法

1. 课堂观察

通过对互动式教学课堂的实时观察，评估学生在互动中的参与程度、表达能力、团队协作能力等。观察可以由教育专业的观察员进行，也可以由教师自行进行。

2. 学生反馈

收集学生的反馈意见，了解他们对互动式教学的感受和看法。这可以通过问卷调查、小组讨论、面对面交流等方式进行。学生反馈能够直接反映出教学过程中的问题和优点。

3. 成绩评估

比较互动式教学和传统教学在学生成绩方面的差异，了解学生在两种教学模式下的学业表现。成绩评估可以包括课堂表现、考试成绩、项目作业等多个方面。

4. 课程设计评估

评估互动式教学的课程设计是否合理、是否能够有效地引导学生进行互动和合作。这可以从教学目标的明确性、教学内容的设置、教学方法的灵活性等方面进行评价。

5. 教师自我评估

教师对自己教学效果的评估也是重要的一环。教师可以通过反思教学过程，总结经验教训，不断调整和改进自己的互动式教学设计和实施。

（三）师范教育互动式教学的效果评估工具

1. 课堂观察表

设计一份包含学生参与度、教学方法运用、团队合作等多个方面的观察表，由观察员根据实际课堂情况进行打分。

2. 学生反馈问卷

设计一份涵盖学生对教学过程、教学方法、课程难易度等方面的问卷，采用定量和定性相结合的方式收集学生的意见和建议。

3. 成绩对比分析表

制作一份成绩对比分析表，将互动式教学和传统教学的学生成绩进行对比分析，包括平均分、成绩分布、提高率等指标。

4. 教学设计评估表

设计一份评估表，从教学目标的达成程度、教学方法的多样性、教学资源的充实度等方面对互动式教学进行评估。

5. 教师自我评估记录

教师可以建立一份自我评估记录，每次教学后进行反思，记录教学中的亮点和需要改进的地方，以便后续调整教学设计。

（四）师范教育互动式教学效果评估的挑战与对策

1. 学科特性的差异

不同学科的特性可能影响互动式教学效果的评估。对理论性较强的学科，可能需要更灵活的互动方式，而对实践性较强的学科，更强调实际操作和案例分析。因此，应根据具体学科的特点进行差异化的评估。

对策：针对不同学科的特性，可以采用定制化的评估工具和方法，确保评估更符合学科的需求。同时，跨学科合作，借鉴其他学科的评估经验，提升评估的全面性和准确性。

2. 学生个体差异

学生个体差异较大，有些学生可能更适应互动式教学，而有些学生可能更习惯于传统的教学方式。因此，一刀切的评估方法可能无法全面反映教学效果。

对策：引入多元化的评估手段，如通过学生反馈问卷收集不同学生的看法，分析不同学生群体的评价，以更全面地了解互动式教学对不同学生的影响。

3. 教学资源和条件的限制

互动式教学通常需要更多的教学资源和更好的教学条件，包括互动平台、小组活动空间等。而有些学校或地区可能受到资源和条件的限制，难以提供理想的教学环境。

对策：在评估中要考虑到教学资源和条件的限制，将评估的重点放在教学模式本身的改进上，可以通过改进教学设计和方法来提高互动式教学的效果，同时逐步争取更好的教学条件。

4.教师培训和支持的不足

互动式教学需要教师具备更多的教学技能，包括引导讨论、激发学生兴趣、处理学生分歧等能力。然而，部分教师可能缺乏相关培训和支持。

对策：提供专门的教师培训，使教师更好地掌握互动式教学的方法和技巧。建立教学团队，促进教师之间的经验分享，共同成长。

互动式教学在师范教育中的应用旨在培养未来的教育者具备更强的实践能力、团队协作能力和创新思维。通过合理设计评估方法和工具，能够更全面、客观地评估互动式教学的效果。然而，需要充分考虑学科特性、学生个体差异、教学资源条件和教师培训等多方面因素，以期提高评估的科学性和准确性。在评估的基础上，及时调整和改进互动式教学模式，促进师范生更好地发展和成长。

第二节 师范教育活动式学习与合作学习

一、师范教育活动式学习的设计原则

师范教育的目标是培养具备优秀教学能力和全面素养的教育者。在这个过程中，教学方法的选择至关重要。活动式学习作为一种注重学生主动参与和实践操作的教学模式，在师范教育中得到了广泛应用。本节将探讨师范教育中活动式学习的设计原则，旨在为培养未来的教育者提供科学的教学方法。

（一）活动式学习的定义与特点

1.活动式学习的定义

活动式学习是一种以学生为中心，通过各种教学活动激发学生的学习兴趣和主动性，促使他们积极参与到教学过程中的教学模式。这种教学方式强调学生的实际操作和实践经验，通过亲身经历来深化对知识的理解。

2.特点

学生主动参与：活动式学习强调学生的主动性，通过设计各种任务和活动，激发学生的学习积极性。

实践操作为主：该教学模式注重实践操作，通过实际动手操作来加深学生对知识的理解，培养实际应用能力。

小组协作与互动:活动式学习常采用小组协作的形式，鼓励学生互相合作、交流，培养团队协作和沟通能力。

问题解决为导向：以问题为导向是活动式学习的一个重要特点，通过解决实际问题来引导学生深入学习。

（二）师范教育活动式学习的设计原则

1.设计符合学科特性的活动

不同学科有不同的特性，因此在设计活动时应充分考虑学科的特点。例如，语文课程可以设计文学创作活动、数学课程可以设计问题解决和建模活动，使活动紧密贴合学科实际。

2.引导学生自主学习

活动式学习的目的之一是培养学生的自主学习能力。设计活动时要注重引导学生主动获取知识，通过问题解决和实践操作，培养他们的独立思考和学习能力。

3.关注学生的兴趣和需求

了解学生的兴趣和需求，根据他们的实际情况设计相关的活动。通过吸引学生兴趣，可以提高他们对学科知识的主动探究欲望。

4.考虑学生的先前知识水平

在设计活动时，要考虑学生的先前知识水平，确保活动不过于简单或过于复杂。通过适度的挑战，激发学生的学习兴趣和动力。

5.强调小组协作

小组协作是活动式学习的重要组成部分。通过设计小组任务和项目，培养学生团队合作和沟通协作的能力。同时，要确保每个小组成员都有充分的参与机会。

6.注重反思和总结

活动式学习不仅仅是完成任务，更要注重学生对活动的反思和总结。设计合适的反思环节，帮助学生从活动中获取经验教训，提高他们的学习效果。

7.结合现实情境设计活动

将活动设计融入到真实的社会情境中，使学生能够更好地理解知识的实际应用。通过真实情境的活动设计，提高学生的实际问题解决能力。

8. 提供及时的反馈

活动式学习强调学生在实践中的积极反馈。及时给予学生反馈，帮助他们纠正错误、改进表现，提高学习效果。

9. 教师角色的转变

在活动式学习中，教师不再是纯粹的知识传授者，而更像是学习的引导者和组织者。教师需要关注学生的学习过程，及时调整教学策略，以更好地引导学生。

10. 重视情感因素

在活动式学习中，情感因素同样重要。营造积极的学习氛围，激发学生的学习热情。教师要关心学生的情感状态，及时帮助他们解决学习中的困扰。

（三）设计实例

以语文学科为例，设计一个符合活动式学习原则的课程：

课程主题：探索写作的乐趣

设计步骤：

导入阶段：通过展示一个引人入胜的短篇小说或诗歌，引发学生对写作的兴趣。教师可以提出一些开放性问题，让学生展开讨论，分享对文学作品的感受。

知识铺垫：介绍一些基础的写作技巧和文学修辞手法，如比喻、排比、对仗等。通过短暂的讲解和示范，让学生初步了解写作的一些基本要素。

实践活动：提供一个主题，如"我的校园"或"我的童年"，让学生以小组为单位展开写作活动。每个小组负责撰写一篇短文或诗歌，运用所学的写作技巧。

小组分享：每个小组在一定时间内完成写作任务后，进行小组内部分享。每位成员分享自己的想法和创作，其他组员提出建议和意见。这一过程旨在促进小组成员之间的互动和合作。

整体分享：选取 1~2 个小组的优秀作品进行整体分享。通过学生的分享，激发其他学生对写作的兴趣，并展示不同风格和技巧的写作。

反思总结：结束课程时，进行学生的反思总结。教师可以提出一些问题，引导学生回顾整个写作过程，包括遇到的困难、学到的东西以及下一步的改进方向。

反馈与指导：教师提供针对性的反馈，包括对整体写作水平的评价和个别学生的进步建议。同时，鼓励学生在后续的学习中继续探索写作的乐趣。

（四）设计原则的实际运用

上述设计充分体现了活动式学习的设计原则：

学科特性的考虑：通过选择富有情感和启发性的文学作品，结合写作技巧和修辞手法的介绍，使学科内容更贴近学生的实际需求。

学生主动参与和自主学习：学生在小组中自主选择写作主题，参与讨论和分享，培养了他们的自主学习和团队协作能力。

小组协作与互动：通过小组写作和分享，强调了小组协作和学生之间的互动，让学生能够在交流中相互启发、共同提高。

问题解决为导向：设计任务时，以"我的校园"或"我的童年"为主题，让学生通过写作解决实际问题，增强了学生对写作任务的目的性和实际意义。

反思和总结：引导学生在课程结束时进行反思和总结，使学生能够更清晰地认识到自己在写作中的成长和不足。

活动式学习在师范教育中的应用，既需要符合学科特性，又要关注学生的兴趣和需求。通过贴近实际情境的设计，激发学生的学习热情和主动性。设计活动时，教师要成为学生的引导者，通过及时的反馈和指导，促使学生更好地理解知识和提高实际应用能力。这一系列的设计原则为培养具备创新精神和实际操作能力的优秀教育者提供了重要的指导。

二、合作学习在师范教育中的应用

合作学习作为一种强调学生合作、共同探究知识的学习模式，逐渐在师范教育领域得到广泛关注和应用。师范教育的特殊性要求培养出色的教育者，他们不仅需要掌握专业知识，还需要具备团队协作和领导能力。本节将探讨合作学习在师范教育中的应用，探讨其原理、优势、设计原则以及实际案例。

（一）合作学习的定义和原理

1. 合作学习的定义

合作学习是一种学习理论和教学策略，强调通过学生之间的合作、互动和分享来促进学习。在合作学习中，学生共同参与学科内容的探究、问题解决和项目开发，以实现共同的学习目标。

2. 合作学习的原理

相互依赖：学生在合作学习中相互依赖，每个成员都对整个小组的学习目标负有责任，这鼓励他们共同努力。

面对面互动：合作学习强调学生之间的面对面互动，通过讨论、协商和交流，促进思想碰撞和知识共建。

个体责任：每个学生在小组中有自己的学习任务和责任，他们需要充分发挥自己的潜力，为小组的成功贡献力量。

共同奖励：合作学习的成果是整个小组的共同奖励，强调合作共赢的理念，促使学生共同分享成功的喜悦。

（二）合作学习在师范教育中的优势

1. 提高团队协作能力

合作学习能够培养师范生的团队协作能力，让他们在团队合作中学会有效沟通、分工合作、协同解决问题，提升未来教育者在教学中的团队协作能力。

2. 促进交流与分享

通过合作学习，师范生更容易与同学分享彼此的教学经验、方法和观点。这种交流与分享有助于学生拓宽视野，增加教学思路的多样性，为日后的教学实践提供更多可能性。

3. 培养领导力和管理能力

在合作学习中，师范生有机会担任小组的领导者，从而培养领导力和管理能力。这对未来的教育者来说至关重要，因为他们将在教育工作中面对管理学生、组织活动等任务。

4. 提高解决问题的能力

合作学习注重学生共同解决问题的过程，通过小组内部的合作与讨论，师范生能够更灵活地运用教学理论解决实际教学中的问题，提高问题解决的实践能力。

5. 创造积极的学习氛围

合作学习可以创造积极的学习氛围，师范生在小组内相互支持、共同成长，减轻了学习压力，使学习更富有趣味性和参与感。

（三）合作学习在师范教育中的设计原则

1. 设计具体明确的学习目标

在合作学习中，明确的学习目标对小组成员的任务分工和合作十分重要。教师需要在教学设计中明确定义学习目标，确保每个学生都清楚自己在小组中的角色和任务。

2. 确保小组成员的多样性

小组成员的多样性可以促进更富有创意的思考和更全面的问题解决。在师范教育中，教师可以根据学生的兴趣、专业方向等因素合理安排小组，确保小组成员的多样性。

3. 鼓励积极的互动与讨论

教师应该设法激发学生之间的积极互动与讨论。这可以通过设置开放性问题、组织座谈、设立小组讨论时间等方式来实现。积极的互动有助于促进学习氛围和知识共建。

4. 提供及时的反馈

在合作学习中，及时的反馈对学生调整学习策略、改进表现至关重要。教师可以设立反馈机制，鼓励小组成员相互评价，同时及时给予自己的反馈，促进学生的持续进步。

5. 引导学生解决冲突和困难

合作学习过程中，难免会出现意见分歧、冲突或困难。教师在设计中要有一些机制和引导，帮助学生有效解决这些问题。这包括教师的介入、提供解决问题的工具和方法，以及培养学生处理冲突和困难的能力。

6. 鼓励团队共同奖励

合作学习的成果是整个小组的共同奖励。教师可以设置一些团队目标，当整个小组达到目标时，给予团队共同的奖励。这鼓励学生共同合作，追求共同成功。

7. 教师的适度介入

教师在合作学习中的角色不仅是知识的传授者，还是学习的引导者。在学生展开合作学习时，教师要适度介入，及时提供支持和引导，确保学生在合作学习中能够达到预期的学习效果。

8. 制定明确的评估标准

合作学习的评估标准需要明确，包括对个体贡献的评价和整个小组成果的评价。教师在设计评估标准时要考虑全面，确保评价既能反映个体学生的表现，又能评价整个小组的合作成果。

合作学习在师范教育中的应用，旨在培养具备团队协作、创新能力的未来教育者。通过合作学习项目的设计，师范生能够在小组中共同探究问题、分享思想，提高团队协作和解决问题的能力。在教学实践中，教师需要根据学科特点和学生特点，灵活运用合作学习的设计原则，使学生在合作学习中获得更全面的发展。通过这样的实践，合作学习将为师范生的专业发展和未来教育工作打下坚实的基础。

第三节　师范教育创新教学方法的应用

一、师范教育基于问题解决的教学模式

师范教育的目标之一是培养具备解决实际问题能力的优秀教育者。问题解决教

学模式作为一种注重培养学生综合运用知识和技能来解决问题的教学方法，逐渐受到师范教育领域的关注。本节将探讨师范教育中基于问题解决的教学模式，包括其定义、原理、设计原则以及实际案例。

（一）基于问题解决的教学模式的定义

1. 基于问题解决的教学模式的本质

基于问题解决的教学模式是一种强调学生通过研究和解决实际问题来学习的教学方法。它突破了传统教育中对知识的被动接受，强调学生在面对真实问题时的主动探究和实践能力。

2. 核心原理

问题驱动：教学的出发点是真实的问题，通过引入问题，激发学生的学习兴趣和主动性。

跨学科整合：问题解决不拘泥于学科的界限，鼓励学生综合运用不同学科的知识和技能解决问题。

合作与沟通：学生在问题解决的过程中需要进行合作和沟通，培养团队协作和交流能力。

实际应用导向：学生通过解决问题，更深入地理解和应用所学的知识，培养实际问题解决的能力。

（二）基于问题解决的教学模式在师范教育中的优势

1. 培养实际问题解决能力

基于问题解决的教学模式注重学生在解决实际问题中的实践经验。师范生通过这种教学模式，能够更好地培养实际问题解决的能力，为日后的教育实践做好充分准备。

2. 提高学科知识的综合运用能力

问题解决教学模式要求学生综合运用多学科知识来解决问题，避免了学科知识的碎片化。在师范教育中，这种模式可以帮助学生将各种教育学科的理论知识整合，更好地应对实际的教学挑战。

3. 促进团队协作和沟通能力

在问题解决的过程中，学生需要进行团队协作和沟通。这有助于培养师范生未来在教学团队中的协作和沟通技能，增强集体智慧。

4. 激发学习兴趣和动力

问题解决教学模式通常以学生的兴趣和需求为出发点，能够激发学生的学习兴趣和主动性。在师范教育中，学生通过解决与实际教学相关的问题，更容易感受到学科的深度和广度。

5. 培养批判性思维和创新能力

问题解决教学模式强调学生思辨、批判性思维和创新能力的培养。在师范教育中，培养教育者具备批判性思考的能力是至关重要的，问题解决教学模式正是有助于实现这一目标的有效途径。

（三）基于问题解决的教学模式在师范教育中的设计原则

1. 教学目标明确

在设计基于问题解决的教学模式时，需要明确教学目标。这些目标应既包括学科知识的掌握，也包括实际问题解决能力、团队协作和沟通能力等方面的目标。师范生应当在解决问题的过程中，逐步实现这些目标。

2. 问题选取合适

选择合适的问题是问题解决教学模式成功实施的关键。问题应该具有一定的挑战性，能够激发学生的学习兴趣，同时也需要与师范生未来的教学实践紧密相关，使其能够从中获得实际经验。

3. 跨学科整合

在问题解决的过程中，鼓励师范生跨学科整合知识。教育不是孤立的学科，而是涉及众多学科的交叉。通过将不同学科的知识整合，师范生可以更全面地理解问题并提出更具创新性的解决方案。

4. 合作学习与个体表现平衡

问题解决教学模式强调学生之间的合作与协作，但同时也要注重个体表现。师范生在合作中学习，同时也需要独立思考、独立表达，这样才能更好地发挥个体的优势。

5. 实际应用导向

问题解决教学模式的一个重要特点是实际应用导向。在师范教育中，问题解决教学应该紧密结合实际教学场景，使师范生通过解决问题更好地理解和应用教育理论。

6. 提供支持与引导

尽管问题解决教学模式强调学生的主动学习，但教师的角色仍然至关重要。教师需要在适当的时候提供支持与引导，帮助学生克服问题解决过程中的困难，确保学生能够在正确的方向上前进。

（四）基于问题解决的教学模式在师范教育中的实际案例

以"设计一个适用于小学数学的教学游戏"为例，展示基于问题解决的教学模式在师范教育中的实际应用。

（1）项目主题：设计小学数学的教学游戏

（2）项目目标

培养师范生对小学数学教学特点的理解。

提升师范生跨学科整合知识的能力。

发展师范生团队协作和沟通技能。

提高师范生设计实际应用性教育工具的能力。

（3）项目步骤

小组组建：教师将师范生分成小组，确保每个小组成员在专业和兴趣上的差异。

问题提出：教师向学生提出问题："如何设计一个适用于小学数学的教学游戏？"这个问题涉及小学数学教学的多个方面，如知识点选择、游戏规则设计等。

研究与计划：小组成员一同研究数学教学的理论和实践，然后制订一个详细的计划，包括游戏的目标、规则、教学方法等。

实施：小组成员根据计划开始设计并实施教学游戏。在这个过程中，需要合理利用各个小组成员的专业知识，确保游戏既有足够的知识深度，又具有足够的趣味性。

团队协作：教师鼓励小组成员充分发挥各自的特长，形成协作合作的氛围。小组成员需要共同商讨，解决在设计和实施中出现的问题。

成果展示：每个小组在项目结束后向全班展示他们设计的数学教学游戏。展示过程中，学生需要说明他们的设计理念、游戏规则，并展示游戏的实际效果。

团队反思：教师组织小组成员进行团队反思，包括对整个项目的反思和对个体表现的自评。学生通过反思，总结出项目中的收获和改进的地方。

个体评价：教师根据个体的表现和小组成果进行评价。评价标准涵盖了项目目标的实现情况、个体贡献、团队协作等方面。通过个体评价，学生能够清晰了解自己在问题解决过程中的表现，从而有针对性地进行进一步的学习和提升。

基于问题解决的教学模式为师范教育提供了一种创新的教学方式。通过学生在解决实际问题的过程中获得的知识和经验，师范生不仅能够更好地理解教育理论，还能够培养实际问题解决的能力、团队协作和创新思维。在未来教育实践中，这些能力将使师范生更具竞争力，能够更好地适应和引领教育领域的变革。因此，基于问题解决的教学模式在师范教育中具有重要的意义，值得教育机构和教育者进一步深入研究和实践。

二、翻转课堂在师范教育中的实践

随着教育技术的迅速发展，翻转课堂（Flipped Classroom）作为一种新型的教学模式逐渐在教育领域中引起关注。翻转课堂通过改变传统课堂教学的模式，将学生的学习时间从课堂移到家中，使得课堂时间更专注于深度讨论、实践和问题解决。本节将探讨翻转课堂在师范教育中的实践，包括定义、原理、设计原则以及实际案例。

（一）翻转课堂的定义和核心原理

1. 翻转课堂的定义

翻转课堂是一种教学模式，其核心思想是颠覆传统的教学方法。在传统课堂中，教师在课堂上讲解新知识，而学生在家里完成作业。而在翻转课堂中，学生通过预习课程材料，课堂时间则用于深度讨论、解决问题和实践。

2. 核心原理

学生主导学习：翻转课堂鼓励学生在家中主动学习，通过预习和自主学习建立基础知识。

课堂时间优化：课堂时间被用于引导学生深入思考、解决问题、展开讨论，以及进行实践性的活动。

个性化学习：学生可以根据自己的学习进度和方式来预习课程内容，实现个性化的学习。

（二）翻转课堂在师范教育中的优势

1. 提高课堂参与度

翻转课堂将课堂时间用于互动和实践，学生更积极参与，通过讨论、合作等方式深度学习。

2. 个性化学习

学生可以按照自己的学习进度和方式学习，更好地适应个体差异，提高学习效果。

3. 激发学生兴趣

学生通过在家自主学习，更容易激发兴趣，增加学科的吸引力。

4. 强调实践和应用

课堂时间用于实践和应用，学生能够将理论知识更好地转化为实际能力，更贴近未来教学实践。

5. 提高教学效率

通过预习，学生在课堂上已经熟悉了基础知识，教师可以更专注于解答疑惑、引导深入学习，提高教学效率。

（三）翻转课堂在师范教育中的设计原则

1. 明确学习目标

在设计翻转课堂时，教师应明确学习目标，确保学生在预习阶段能够掌握必要的基础知识，为课堂深度学习打下基础。

2. 精心设计预习材料

预习材料应具备清晰的逻辑结构，能够引导学生理解重要概念。多样化的学习资源，如视频、文献、在线课程等，可以满足不同学生的学习需求。

3. 创设互动性课堂环境

课堂环境应注重互动，教师可以设计问题、案例分析等活动，引导学生深度思考和交流。

4. 提供即时反馈

在课堂互动中，教师提供即时反馈，帮助学生及时纠正错误，促进学习效果的提升。

5. 鼓励合作学习

设计合作学习活动，促进学生之间的合作与讨论，培养团队协作能力。

6. 结合实际教学场景

翻转课堂的设计应结合实际教学场景，确保学生获得的知识和能力更符合未来教学需求。

（四）翻转课堂在师范教育中的实际案例

以师范生学习教育技术课程为例，展示翻转课堂在师范教育中的实际应用。

1. 课程背景

一门名为"教育技术与创新"的师范课程，旨在帮助师范生更好地应用教育技术提升教学效果。

2. 翻转课堂设计

预习阶段：教师提供预习材料，包括相关视频、文献和在线资源，要求学生在课前自主学习。

课堂互动：课堂时间安排为小组讨论和问题解答。学生根据预习内容展开思路，进行深度讨论，共同解决教育技术应用中的挑战和问题。

案例分析与实践：教师设计了一系列实际案例，要求学生在课堂上分析并讨论如何运用教育技术解决实际教学问题。学生需要结合案例进行小组讨论，共同寻找创新的教学解决方案。

互动平台：利用在线互动平台，如在线论坛或社交媒体群组，学生在课堂之外继续进行讨论和信息分享。教师定期参与并提供指导，确保学生在学习过程中得到及时支持。

实践项目：课程结尾设计了一个综合性的实践项目，要求学生结合所学知识，设计并实施一项教育技术创新项目。这个项目不仅考查了学生的理论理解，更重要的是能够将理论知识转化为实际操作的能力。

3. 教学效果

通过翻转课堂的设计，观察到以下教学效果：

学生参与度提高：学生在预习阶段更主动地学习，并在课堂上更积极地参与讨论和互动。

个性化学习体验：学生能够根据自身的学习节奏和兴趣深入学习，提高了学习的个性化体验。

实际问题解决能力提升：通过案例分析和实践项目，学生的实际问题解决能力得到了显著提升。

团队协作技能培养：在小组讨论和实践项目中，学生培养了良好的团队协作和沟通技能。

实际应用能力增强：学生通过实际项目的设计和实施，更好地将所学知识应用于实际教学场景，增强了实际应用能力。

（五）挑战与解决方案

1. 挑战：学生对自主学习的适应性差

由于传统教学模式下学生习惯了被动接受知识，切换到翻转课堂模式可能导致学生对自主学习的适应性较差。

2. 解决方案：逐步引导，提供支持

教师可以在初期逐步引导学生进行自主学习，提供明确的学习指导和支持，通过鼓励学生提出问题、参与讨论等方式培养其自主学习的能力。

3. 挑战：技术设备和网络条件不同

学生在家中的学习环境各异，有些可能面临技术设备不足或网络条件较差的问题。

4. 解决方案：提供多样化学习资源，支持线下学习

教师可以提供多样化的学习资源，包括文本资料、图书、视频等，以满足学生

在不同环境下的学习需求。同时，鼓励学生在没有网络条件的情况下进行线下学习，并通过其他方式与教师保持联系。

5. 挑战：课堂互动难以掌控

在课堂互动中，学生可能提出各种问题，难以在有限的时间内全面回应。

6. 解决方案：设计精心策划的互动环节

教师在设计课堂互动环节时可以提前预测学生可能的问题，精心策划互动环节，通过设计问题和活动，引导学生深入思考，减少课堂上的无效互动。

翻转课堂作为一种创新的教学模式，在师范教育中有着广泛的应用前景。通过合理设计预习内容、激发学生学习兴趣、引导深度学习和实践等手段，翻转课堂能够更好地培养师范生的实际问题解决能力、团队协作技能和创新思维。在未来，随着教育技术的不断发展和师范生培养的需求，翻转课堂模式将更加深入地融入师范教育的教学实践之中。

第四节　师范教育教学技术与在线教育

一、教学技术在师范教育中的应用

随着科技的快速发展，教学技术逐渐成为师范教育领域中不可或缺的一部分。教学技术的应用旨在提高教学效果、创新教学方法，培养师资队伍更好地适应数字时代的教育需求。本节将深入探讨教学技术在师范教育中的应用，包括定义、核心技术、设计原则、实际案例以及面临的挑战和未来展望。

（一）教学技术的定义和核心技术

1. 教学技术的定义

教学技术是指通过科学和技术手段来解决教育问题，提高教育质量的一门综合性学科。它不仅包括传统的教学方法和工具，还涵盖了现代信息技术、网络技术等先进技术的应用。

2. 核心技术

信息技术：包括计算机、互联网、多媒体技术等，为教学提供数字化支持。

在线教育平台：提供在线课程、资源管理、学生互动等功能，为师范生提供便捷的学习途径。

虚拟现实（VR）和增强现实（AR）：通过模拟和增强现实场景，提供更真实的学习体验。

数据分析与人工智能：基于学习数据的分析和人工智能技术，为师范生提供个性化的学习建议和反馈。

（二）教学技术在师范教育中的应用领域

1. 课堂教学

教学技术可以改变传统课堂教学方式，通过多媒体教学、互动投影等技术，使课堂更具活力，激发师范生学习兴趣。

2. 在线教育

通过在线教育平台，师范生可以灵活学习，获得多样化的教育资源，跨越地域限制，提高学习的便捷性。

3. 实践教学

利用虚拟现实和增强现实技术，师范生可以在模拟环境中进行实践教学，提前接触真实教学场景，增强实际操作能力。

4. 数据分析和个性化教学

通过收集学生学习数据，应用数据分析和人工智能技术，个性化教学可以更好地满足师范生的学习需求，提高学习效果。

5. 教育管理与评估

教学技术还可以用于学校管理和师资评估，提高教学管理的效率，实现对师范生的全方位评估。

（三）教学技术在师范教育中的设计原则

1. 明确教学目标

在应用教学技术之前，需要明确教学目标。教学技术应该是达成教育目标的手段，而不是单纯的技术应用。

2. 整合多样化资源

教学技术的应用应整合多样化的教育资源，包括在线课程、数字图书馆、学科资源等，为学生提供更全面的学习支持。

3. 个性化学习

利用数据分析和人工智能技术，教学技术可以为每个师范生提供个性化的学习路径和建议，满足不同学生的学习需求。

4. 提高互动性

教学技术应该被设计成能够促进师范生之间的互动和合作，以及师生之间的互动。这可以通过在线讨论、协作工具等方式实现。

5. 持续更新与培训

由于技术发展迅猛，师范教育的教学技术应该保持持续更新，同时为师范生提供相关的培训，使其能够熟练运用新的技术工具。

（四）教学技术在师范教育中的实际案例

1. 基于多媒体的课堂教学

一些师范院校通过引入多媒体技术，如互动投影、电子白板等，改善传统课堂教学。教师可以使用图文并茂的教材、生动的教学视频，激发师范生的学习兴趣，提高课堂效果。

2. 在线教育平台的应用

一些师范院校建设了自己的在线教育平台，通过上传教学资源、开设在线课程，为师范生提供更加灵活的学习途径。师范生可以根据自己的学习计划和兴趣选择在线课程，实现学习的个性化和自主管理。

3. 虚拟现实和增强现实的实践教学

一些师范教育机构引入虚拟现实（VR）和增强现实（AR）技术，为师范生提供更为真实的实践教学体验。通过模拟教学场景，师范生可以更全面地了解和应对真实教学中的各种情境，增强其实际操作能力。

4. 数据分析和个性化学习系统

一些师范教育机构使用数据分析和人工智能技术，建立个性化学习系统。通过收集学生的学习数据，系统能够分析学生的学科特点、学习习惯和弱项，并为每位师范生提供个性化的学习建议和反馈，从而更好地满足其学习需求。

5. 在线教学资源库

一些师范教育机构建设了在线教学资源库，汇聚了丰富的教育资源，包括教案、课件、教学视频等。师范生可以随时随地访问这些资源，拓宽知识面，提高教学素养。

（五）面临的挑战与未来展望

1. 挑战：技术设备和网络不均衡

在一些地区，师范生可能面临技术设备和网络条件的不足，导致无法充分享受教学技术带来的便利。

解决方案：政府和学校需要加大对基础设施建设的投入，提高师范生的技术设备和网络接入水平。

2. 挑战：教师技能与素养不足

一些教师对新兴的教学技术可能了解不足，缺乏相应的培训和素养。

解决方案：学校应该加强对教师的培训，提高其教学技术应用的能力。同时，鼓励教师参与专业发展，积极学习新技术。

3. 未来展望

教学技术在师范教育中的应用将继续深化和拓展。未来，我们可以期待以下发展：

智能化辅助教学：人工智能技术的不断发展将带来更智能化的辅助教学系统，为师范生提供更精准、个性化的学习支持。

拓展虚拟实践教学：随着虚拟现实和增强现实技术的发展，将有更多真实且高效的虚拟实践教学场景，帮助师范生更好地适应未来的教学挑战。

开放性在线课程：各大高校和教育机构将更加开放自己的在线课程，形成共享的在线教育资源网络，师范生可以更方便地获取全球各地的优质教育资源。

深化数据应用：数据分析技术的不断完善将使教育机构更好地利用学生学习数据，实现精细化管理和个性化教育。

教学技术在师范教育中的应用是一个不断发展的领域。通过合理设计和整合先进的教育技术，可以为师范生提供更富有创新性和实用性的学习体验，有助于培养更符合时代要求的优秀教育人才。然而，我们也要正视挑战，促使各方共同努力，确保教学技术在师范教育中发挥更大的作用。

二、在线教育平台对师范生培养的影响

随着信息技术的飞速发展，在线教育平台作为一种新型教育方式，逐渐在师范生培养中崭露头角。在线教育平台为师范生提供了更灵活、个性化的学习途径，同时也促使传统师范教育模式的变革。本节将深入探讨在线教育平台对师范生培养的影响，包括对教学方式、学习体验、专业素养以及未来趋势的影响。

（一）在线教育平台的定义和特点

1. 在线教育平台的定义

在线教育平台是指通过互联网技术，提供在线学习资源和服务的教育机构或平台。这些平台包括在线课程、学科资源、交互式教学工具等，为学生提供随时随地的学习机会。

2. 在线教育平台的特点

灵活性：学生可以根据自己的时间和地点选择学习，不受地域和时间的限制。

个性化学习：在线教育平台通过智能化技术，能够根据学生的学习特点和需求提供个性化的学习路径和建议。

多样化教学资源：在线教育平台整合了丰富的学习资源，包括视频、文献、在线测验等，丰富了学习内容。

互动性：学生可以通过在线平台与教师和其他学生进行互动，参与讨论、问答等活动。

（二）在线教育平台对教学方式的影响

1. 翻转课堂模式

在线教育平台使得翻转课堂模式更易实施。学生可以在课前通过在线平台学习相关知识，而课堂时间更多用于讨论、实践和问题解决，提高了课堂教学的效果。

2. 混合式教学

在线教育平台促进了传统教学与在线学习的混合，学生可以在课堂上与教师进行面对面的互动，同时在课后通过在线平台进一步巩固学习内容，形成更为全面的学习体验。

3. 引入新教学方法

在线教育平台支持多种学习方式，如小组合作、实践项目等。教师可以更灵活地引入新的教学方法，激发师范生的创造性思维和实践能力。

（三）在线教育平台对学习体验的影响

1. 学习时间和地点的自由度

师范生通过在线教育平台可以随时随地进行学习，不再受制于固定的学习时间和地点。这种自由度使得学习更加灵活，适应了师范生的个体差异。

2. 个性化学习路径

在线教育平台通过数据分析和智能推荐技术，为每位师范生提供个性化的学习路径。这种个性化学习体验能够更好地满足师范生的学习需求，提高学习效果。

3. 互动与合作机会

在线教育平台提供了丰富的互动和合作机会，师范生可以通过在线讨论、小组项目等方式与教师和同学进行有效沟通和合作，增强了学习的社交性。

（四）在线教育平台对师范生专业素养的影响

1. 数字素养的提升

师范生通过使用在线教育平台，不仅熟练运用基本的数字工具，还能培养信息获取、处理和分享的能力，提升了数字素养。

2. 教育技术应用能力的提升

在线教育平台作为教育技术的一种载体，师范生在使用平台的过程中，自然而然地接触和应用了各种教育技术。这种直接参与和实践，提高了师范生的教育技术应用能力，使其更具备在未来教学中灵活使用技术手段的能力。

3. 创新思维和问题解决能力

在线教育平台鼓励师范生通过互动、实践等方式参与学习，培养了其创新思维和问题解决能力。通过讨论、合作、实际项目等活动，师范生不仅仅是知识的传递者，更是能够灵活应对各种教育场景和问题的解决者。

4. 跨学科综合素养

在线教育平台提供了多样的学科资源和课程，师范生可以更加灵活地选择跨学科的课程进行学习。这有助于拓展师范生的知识面，培养其跨学科的综合素养，使其能够更全面地理解和解决教育领域的问题。

（五）在线教育平台面临的挑战与未来发展趋势

1. 挑战：师资队伍建设

在线教育平台的推广需要有一支具备在线教育理念和技术应用能力的师资队伍。但目前教育机构中仍存在师资队伍对在线教育的接受度和应用水平不一致的问题。

未来发展趋势：加强师资队伍的培训与引导，提高其在线教育的理论水平和实际操作技能。

2. 挑战：学生学习动力问题

在线教育平台虽然提供了灵活性和自主性，但也存在学生学习动力不足的问题，尤其是在没有固定学习时间和地点的情况下。

未来发展趋势：引入更多激励机制，如在线学分、学习证书等，激发学生的学习兴趣和积极性。

3. 未来发展趋势：技术创新

随着技术的不断发展，未来在线教育平台将更多地应用先进的技术，如人工智能、虚拟现实、区块链等，提供更智能、更真实、更安全的学习环境。

4. 未来发展趋势：深化互动性

未来的在线教育平台将更加注重用户体验，深化互动性，提供更多多媒体、多元化的学习资源，丰富学习体验。

在线教育平台对师范生培养的影响是全方位的，涉及教学方式、学习体验及专业素养等多个方面。尽管面临挑战，但随着技术的不断创新和应用，以及教育理念的不断拓展，在线教育平台将在未来继续发挥更为重要的作用。学校、教育机构和师范生本身也需要共同努力，不断适应和引领这一教育变革的潮流，使在线教育更好地服务于师范生的培养和教育事业的发展。

第五节　师范教育多元化评估方法

一、传统考试的问题与改进

传统考试一直是教育体系中的主要评估工具，通过纸笔测试来衡量学生的知识水平。然而，随着时代的发展，人们开始对传统考试模式提出质疑，认为其存在一系列问题，如局限性、不足以全面评估学生能力等。本节将探讨传统考试的问题，并提出一些改进的建议，以期能够更好地促进学生的全面发展。

（一）传统考试的问题

单一性评价：传统考试主要集中在笔试形式上，更注重学生的记忆和应试能力，而对实际应用和创造性思维的评价相对较少。

应试教育导向：传统考试往往使教育变成应试教育，学生为了应对考试而过度侧重记忆和机械式学习，而非真正理解和运用知识。

焦虑和压力：考试带来的高压环境容易导致学生焦虑，影响其发挥最佳水平。这可能妨碍学生对知识的深度理解和创造性思考。

无法全面评估学生能力：传统考试主要集中在学科知识上，忽略了学生的综合素质和实际应用能力，无法全面评估学生的多方面能力。

抄袭问题：传统考试中，学生之间或者学生与互联网之间的抄袭问题比较突出，考试的公正性和准确性受到一定程度的影响。

（二）改进建议

引入多元化评价方式：将评价方式从单一的笔试拓展到多元化的形式，如口头答辩、实际操作、项目展示等，以更全面地了解学生的能力。

强调实践应用：设计能够考查学生实际应用能力的试题，鼓励学生通过实践来巩固和运用所学知识。

注重团队合作：引入团队合作评价，培养学生的团队协作和沟通能力，以适应未来社会对综合素质的需求。

个性化评价：考虑采用个性化评价方法，根据学生的兴趣、天赋和发展需求进行评估，更有针对性地提供教育支持。

减轻考试压力：通过分阶段考核、小组互评等方式，减轻学生的考试压力，营造更轻松的学习氛围。

技术手段的运用：利用现代技术手段，如在线考试监控系统、自适应学习平台等，有效防范抄袭问题，提高考试的公正性和准确性。

传统考试的问题在于其单一性和对学生全面素质的不足评估，而现代教育需要更加强调学生的综合能力。改进传统考试，引入多元化的评价方式，注重实践应用和团队合作，个性化评价学生，利用技术手段防范作弊，将有助于更好地促进学生的全面发展。在教育体系中，我们需要不断创新，更好地适应时代的变化，为学生提供更有效的学习和评价方式。

二、学科能力评价体系的建立

学科能力评价体系的建立是现代教育体系不可或缺的一部分。传统的考试方法难以全面评价学生的各方面能力，而学科能力评价体系则旨在通过更全面、灵活的手段，更准确地衡量学生在各学科领域的能力水平。本节将探讨建立学科能力评价体系的必要性，并提出一个综合性的体系框架。

（一）学科能力评价体系的必要性

全面评价学生能力：传统考试往往偏重于记忆和应试能力，而忽略了学生在创造性思维、实际应用和团队合作等方面的能力。学科能力评价体系旨在打破这种单一性，更全面地评估学生的多方面能力。

适应综合素质教育：现代社会对人才的需求不仅仅局限于专业知识，更注重学生的综合素质和实际应用能力。学科能力评价体系有助于培养学生的批判性思维、创新精神和团队协作能力。

促进个性化发展：不同学生具有不同的兴趣、天赋和发展需求。学科能力评价体系应当具备个性化评价的能力，帮助学生发现和发展自己的优势，形成个性化的学习路径。

更好地反映实际应用：学科能力评价体系应该更贴近实际工作和生活，通过实际项目、案例分析等方式，评估学生在真实场景中的应用能力，使其更好地为未来职业做准备。

（二）学科能力评价体系的建立

明确评价目标：学科能力评价体系的第一步是明确评价目标，明确希望学生在知识、技能、态度等方面达到什么水平。这可以通过明确的学科标准和职业要求来制定。

设计多元化的评价工具：引入多元化的评价工具，包括但不限于书面考试、口头答辩、实际操作、项目展示、小组讨论等，以更全面地了解学生的能力。

建立能力框架：制定学科能力评价的框架，明确各个维度的能力要求。例如，数学学科的能力框架包括问题解决能力、数学建模能力等。

结合实际应用场景：通过模拟实际应用场景的评价方式，使学生在评价中能够更好地将所学知识应用到实际工作中。

引入自评和互评机制：建立学生自评和互评的机制，培养学生对自己学业的认知和批判性思维，同时促进同学之间的合作和交流。

个性化评价体系：考虑学生个体差异，建立个性化评价体系，允许学生在某些领域有所专攻，形成个性化的学科发展路径。

运用技术手段：利用现代技术手段，如在线评价系统、虚拟实验室等，提高评价的效率和准确性。

定期调整和优化：学科能力评价体系需要定期调整和优化，以适应社会发展和教育改革的需要，确保其持续有效。

学科能力评价体系的建立对推动现代教育的发展和提高学生的综合素质水平具有重要意义。通过明确评价目标、设计多元化的评价工具、建立能力框架等措施，可以更好地实现对学生全面能力的评估。这一体系的建立需要教育机构、教育者、学生和社会共同努力，以期为培养更具实际应用能力和创新力的人才提供有效的评价和引导。

三、学生自我评价与发展档案的管理

学生自我评价及发展档案管理是教育体系中一项重要而又有益的实践。通过让学生主动参与自我评价，以及建立完善的发展档案管理系统，不仅有助于学生更全面地认知自己，还能为其未来的学业规划和职业发展提供有力支持。本节将深入探讨学生自我评价的意义、实施方法，以及发展档案管理的重要性和可行性。

（一）学生自我评价的意义

自我认知与发展：学生自我评价是学生认识自己、了解自身优势与不足的重要途径。通过反思学业、性格、兴趣等方面，学生能够更深刻地认知自己，为未来的发展制定更合理的目标。

培养学习动力：参与自我评价的过程中，学生可以看到自己的进步和成就，这有助于增强学习的自信心和动力。合理的自我评价还能帮助学生建立正确的学习态度，更好地应对学业压力。

发展综合素质：通过自我评价，学生可以更全面地了解自己的综合素质，包括学科知识、创造力、沟通能力等。这有助于培养学生的综合素质，提高其在未来社会中的适应能力。

提高自主学习能力：自我评价激发了学生对学习的自主性和主动性，帮助他们更好地规划学习进程、制定学业目标，并主动寻求改进的方法。

（二）学生自我评价的实施方法

明确评价标准：在进行自我评价之前，学生需要明确评价的标准。这包括学科成绩、学科能力、综合素质等多个方面，确保评价的全面性和客观性。

建立评价体系：设计一个清晰的评价体系，包括自评表、目标设定、实际表现与反思等环节。体系应具有层次感，帮助学生逐步深入了解自己。

设立明确的目标：鼓励学生在自我评价中设立明确的目标，既包括短期目标也包括长期目标。这有助于引导学生朝着更高水平的方向发展。

引导反思过程：自我评价需要伴随反思过程。学生应该思考自己在学习、社交、兴趣爱好等方面的变化，以及取得的成绩和面临的困难。

提供自我完善的机会：学生在自我评价中可能会发现一些需要改进的地方。为了帮助他们更好地发展，学校可以提供相关资源和培训，引导他们寻求自我完善的机会。

定期进行评价：自我评价不应该是一次性的活动，而应该是一个定期进行的过程。这有助于学生在学业和发展上形成连续性的思考和行动。

（三）发展档案管理的重要性

记录学业历程：发展档案是学生学业历程的记录，包括学科成绩、获奖情况、参与的课外活动等。这不仅方便学生回顾过去的努力，还可以为将来的升学和就业提供翔实的证明。

支持学业规划：发展档案是学生规划学业和职业的有力工具。通过查看学生的发展档案，学生能够更清晰地了解自己的兴趣爱好、优势和劣势，有助于更科学地选择未来的学科和职业方向。

促进个性化发展：发展档案是学生个性化发展的记录，记录个性化学习计划、兴趣特长等信息，为学生提供更个性化的学习支持和指导。

提供教育反馈：学校和教育机构可以通过查看学生的发展档案，提供更有针对性的教育反馈。这有助于学校更好地了解学生的需求，为其提供更贴心的支持。

培养学生档案管理能力：学生通过管理自己的发展档案，培养了档案管理和信息整理的能力。这对他们将来的职场发展是非常有益的。

（四）发展档案管理的可行性

数字化管理系统：利用现代科技手段，建立数字化的发展档案管理系统。这种系统可以更方便、快捷地记录学生成绩、奖项、证书等信息，也更易于学生随时随地进行查阅和更新。

学生参与管理：学生可以参与发展档案的管理，通过自主录入信息、更新成绩、上传相关文件等方式，增强他们对自己学业和发展的主动性和责任感。

教师辅助和指导：在发展档案的建立和管理过程中，教师可以充当辅导员的角色，提供指导和建议。这有助于确保档案的全面性和准确性。

个性化规划和反馈：建立个性化的发展档案管理系统，根据学生的特点和需求，为其提供个性化的学业规划和反馈。这可以更好地满足学生的发展需求。

隐私和安全保障：在建立数字化管理系统时，要注重学生个人信息的隐私和安全保障。采取有效的技术手段和管理措施，确保信息的安全性，以增加家长和学生的信任感。

定期更新和维护：发展档案是一个动态的过程，需要定期更新和维护。学校和教育机构要制定相关政策和流程，确保档案的及时性和准确性。

教育培训：为学生和教师提供档案管理方面的培训，使其更熟练地使用发展档案管理系统。这包括如何记录成绩、制定目标、上传证书等操作。

学生自我评价和发展档案管理是现代教育中非常重要的组成部分。通过学生自我评价，可以培养学生的自我认知和学习动力，提高其综合素质。而发展档案管理则为学生提供了一个全面记录学业和个人发展的工具，对个性化学业规划和职业发展提供了有力支持。在数字化时代，建立数字化的发展档案管理系统不仅提高了管理的效率，还为学生提供了更便捷的档案管理方式。学校、教育机构及学生本人共同合作，可以建立起一个有效的自我评价和发展档案管理体系，为学生成长和未来的发展奠定坚实的基础。

第五章 师范教育师资队伍的培养与发展

第一节 师范教育的教师培养模式

一、传统的师范教育培养模式

师范教育一直以来都是培养教育从业人员的关键环节，传统的师范教育培养模式在历史长河中扮演着重要的角色。这一模式主要强调理论知识、实践技能的结合，培养学生成为胜任教育工作的专业人才。本节将深入探讨传统的师范教育培养模式，包括其核心特点、教学方法、优势与局限以及对未来发展的思考。

（一）传统师范教育模式的核心特点

1. 专业知识和教育理论的传授

传统的师范教育注重向学生传授教育学、心理学等专业知识，使其具备理论基础。教育理论的学习旨在让师范生深刻理解教育的本质、发展规律等，为将来的教学实践提供理论支撑。

2. 实践教学和实习

传统师范教育模式强调实践教学，通过实习和实践课程，使学生亲身体验教学过程。实践教学旨在培养师范生的实际操作能力，使其在教学岗位上能够熟练运用所学理论知识。

3. 教育伦理和专业素养的培养

传统师范教育注重培养师范生的教育伦理和专业素养。通过课程设置和师范实践，强调师范生应具备的道德品质、职业操守，将其培养成为合格的教育从业者。

（二）传统师范教育模式的教学方法

1.课堂讲授

在传统师范教育中，课堂讲授是主要的教学方法之一。教师通过授课向学生传递专业知识和教育理论，学生则在课堂上进行笔记、提问和讨论。

2.实践操作

实践操作是师范教育中不可或缺的一环。通过实践操作，学生可以将理论知识应用到实际中，包括设计教学方案、实施教学和评估学生等方面。

3.专业实习

专业实习是传统师范教育的一个重要组成部分。学生在实际教学岗位上进行实习，亲身体验教育工作，了解教育现场的各种情况，并逐步提升自己的教学能力。

（三）传统师范教育模式的优势

1.扎实的理论基础

传统师范教育模式注重学生对教育理论的深入学习，使其具备扎实的理论基础。这有助于学生更好地理解教育本质、把握教学方法。

2.实际操作技能的培养

通过实践教学、实习和专业实践，传统师范教育模式能够培养学生的实际操作技能。这使师范生毕业后能够迅速适应教学工作。

3.专业伦理和素养的培养

传统师范教育模式强调培养学生的专业伦理和素养，使其成为品德高尚、责任心强的教育者。这有助于建设更加健康和积极的教育环境。

（四）传统师范教育模式的局限性

1.教育信息化不足

传统师范教育在信息化方面相对滞后，教学手段相对陈旧。在数字化时代，这限制了学生获取多样化信息和灵活运用教育技术的能力。

2.教育创新不足

传统师范教育强调传统的教学方法和教学模式，对教育创新的应用相对较少。这限制了师范生对新兴教育理念和方法的了解和运用。

3.适应性不足

传统师范教育模式对学生的个体差异和多样性的适应性相对不足，无法灵活满足不同学生的学习需求。

（五）未来师范教育的发展趋势与思考

1. 教育信息化与在线教育

未来的师范教育将更加注重教育信息化，更多地借助在线教育平台，提供灵活的学习机会。通过在线教育，师范生可以更便捷地获取全球范围内的教育资源，学习最新的教育理念和教学技术。同时，教育信息化也可以提供更为个性化和多样化的学习体验，满足不同学生的学习需求。

2. 强调跨学科综合素养

未来师范教育将更加强调跨学科综合素养的培养。面对日益复杂多变的社会和教育环境，师范生需要具备更广泛的知识和能力，能够跨足多个学科领域，更好地应对未来的教育挑战。

3. 引入创新教学方法

未来的师范教育将更加注重引入创新教学方法。传统的课堂讲授、实践教学仍然重要，但同时需要探索更多基于问题解决、合作学习、项目制等创新教学模式，培养师范生的创造性思维和实际问题解决能力。

4. 注重终身学习和专业发展

未来师范教育将更强调终身学习和专业发展。教育是一个不断发展的领域，师范生需要具备持续学习的能力，不仅在入职前接受培训，而且在职业生涯中始终保持对新知识、新理念的关注，并不断提升自己的教育水平。

5. 培养创新型、全球化的教育人才

未来的师范教育目标是培养创新型、全球化的教育人才。这需要师范生具备开放的思维、国际视野、跨文化沟通能力，能够在不同背景和环境下胜任教育工作。

传统的师范教育模式培养了一代又一代的教育工作者，为社会输送了大量的专业人才。然而，随着社会的变革和科技的发展，师范教育也需要不断调整和创新。未来的师范教育将更加注重个性化、综合素养的培养，更灵活地运用教育技术，更强调学生的实际操作和创新能力的培养。通过不断改进和创新，师范教育将更好地适应社会需求，培养出更具竞争力的优秀教育人才。

二、现代教育理念下的师资培养方式

随着社会的不断发展和教育理念的演进，现代教育对师资的培养方式提出了新的要求。传统的师范教育方式逐渐不能满足当代教育的需求，因此，现代教育理念强调更加综合、创新和个性化的师资培养方式。下面将探讨现代教育理念下的师资培养方式，包括其核心特点、教学方法、优势与挑战以及未来发展趋势。

（一）现代教育理念下的师资培养方式的核心特点

1. 综合性

现代教育理念注重培养综合素养，因此师资培养方式更加强调跨学科知识的整合。教师需要具备多方面的能力，包括创新能力、团队协作能力、信息技术应用能力等，这要求师资培养方式更具综合性，注重培养学科之间的交叉能力。

2. 实践导向

现代教育理念倡导实践导向的教学，因此师资培养方式更加注重实际操作和实践经验的积累。教育学生如何将理论知识应用于实际教学中，培养实际解决问题的能力，是现代师资培养方式的关键特点之一。

3. 个性化

现代教育理念强调个性化教育，因此师资培养方式更注重个体差异和个性发展。现代教育理念能够根据不同教师的需求和特点，提供个性化的培训和发展计划，使其更好地发挥个体优势。

（二）现代教育理念下的师资培养方式的教学方法

1. 项目制学习

项目制学习是一种注重实际操作和问题解决的教学方法。师资培养通过组织实际项目，让教师在实际中学习和应用知识，培养实际解决问题的能力。

2. 创新性培训

创新性培训注重激发教师的创新思维和实践能力。通过创新性培训，教师能够了解最新的教育理念和教学方法，鼓励他们在实际中进行教学创新。

3. 教育科技应用

现代教育强调教育科技的应用，因此师资培养方式中加入了更多的数字化、在线教育等元素。教育科技的应用可以提高师资培养的效率，同时培养教师对教育科技的熟练运用。

（三）现代教育理念下的师资培养方式的优势

1. 适应性强

现代师资培养方式更加注重个性化和综合素养的培养，因此更具有适应性。教育机构可以根据不同教师的特点和需求提供定制化的培训计划，使培养效果更为显著。

2. 提高实际操作能力

实践导向的师资培养方式注重实际操作和问题解决，有助于提高教师的实际操作能力。教师在实际项目中学到的知识更容易转化为实际教学中的能力。

3. 激发创新潜能

创新性培训和项目制学习等教学方法有助于激发教师的创新潜能。通过提供创新的培训和学习环境，教师能够更好地应对教育领域的不断变化，更愿意尝试新的教学方法和策略。

4. 强化教育科技应用

教育科技的应用为现代师资培养方式带来了更多的便利。教师可以通过在线教育平台学习，参与教育科技工具的培训，提高数字素养，更好地融入数字化时代的教学。

（四）现代教育理念下的师资培养方式的挑战

1. 技术推广难度

尽管教育科技的应用有诸多优势，但在实际推广中仍然面临一定的困难。教育机构需要不断投入资源，推动教育科技工具的普及，以确保所有教师能够顺利应用这些工具。

2. 传统观念障碍

一些教育从业者仍然持有传统的教育观念，对现代教育理念下的师资培养方式可能存在一定的抵触情绪。改变传统观念，接受新的培养方式需要一定的时间和努力。

3. 个性化培训难度

虽然个性化培训是现代教育理念的一大亮点，但实际操作中可能面临难度。教育机构需要投入更多的精力和资源，制订个性化培训计划，确保每位教师都能得到有效的培养。

（五）未来发展趋势

1. 强化数字化教育

未来的师资培养方式将更加强调数字化教育。教育机构需要加大对数字化教育平台的建设和使用培训，确保教师能够熟练使用教育科技工具，更好地融入数字化时代的教学。

2. 加强实践环节

实践导向是现代教育理念的一个核心，未来师资培养方式将更加强调实践环节。通过更多的实践项目、实习和实际操作，教师能够更好地应对实际教学中的各种挑战。

3.智能化教学辅助

随着人工智能的发展，未来师资培养方式可能会引入更多智能化的教学辅助工具。这包括智能化的教学设计、个性化的学习路径推荐等，以提高培养效果。

4.跨学科培训

未来的师资培养方式将更加强调跨学科培训。教师需要具备更广泛的知识面，能够更好地理解不同学科之间的关联，为学生提供更为综合和全面的教育。

现代教育理念下的师资培养方式在个性化、综合性和实践导向方面都取得了明显的进展。然而，面对数字化时代的教学挑战，教育机构和教育从业者需要共同努力，不断改进培训方式，确保教师能够适应未来教育的发展趋势，更好地服务学生的全面发展。

三、实践导向的师范教育培养模式

实践导向的师范教育培养模式是一种注重将理论知识与实际操作相结合的教育方式。这一模式强调学生在教学实践中的参与与体验，致力于培养具备丰富实际操作经验的教育专业人才。下面将深入探讨实践导向的师范教育培养模式，包括其核心特点、教学方法、优势与局限，以及未来发展的思考。

（一）实践导向师范教育模式的核心特点

1.紧密结合理论与实践

实践导向的师范教育模式的核心特点之一是紧密结合理论与实践。教学内容不仅仅包括书本上的理论知识，更注重将这些理论知识应用到实际教学活动中，使学生能够在实践中深化对知识的理解。

2.以问题为导向

这一模式以问题为导向，通过解决实际教育中的问题来推动学生的学习。教育问题被视为学习的起点，学生通过分析、讨论、实践解决问题的过程中获得知识和经验。

3.注重实际操作技能的培养

实践导向的师范教育模式着眼于培养学生的实际操作技能。学生在课堂上不仅学到理论知识，还要通过实际的教学实践活动来提升教学技能，包括教学设计、课堂管理等方面的技能。

（二）实践导向师范教育模式的教学方法

1.问题解决教学法

问题解决教学法是实践导向的师范教育模式中常用的教学方法之一。教学的起点是一个实际的教育问题，学生通过分析、研究，提出解决问题的方法，从而学到相关知识和技能。

2.教育实习

教育实习是实践导向师范教育模式的重要组成部分。学生在实际的教育场景中进行实习，亲身感受教学过程中的挑战与乐趣，同时通过实际操作提升教学技能。

3.课堂案例分析

课堂案例分析是一种常用的教学方法，通过分析真实或模拟的教学案例，引导学生思考并提出解决问题的方法。这有助于学生在实践中积累经验，提高问题解决能力。

（三）实践导向师范教育模式的优势

1.提高实际操作能力

实践导向的师范教育模式通过注重实际操作，能够更好地提高学生的实际操作能力。学生在真实的教学场景中积累经验，更容易将理论知识转化为实际应用。

2.培养问题解决能力

以问题为导向的教学方法培养了学生的问题解决能力。学生通过解决实际问题，不仅深入理解理论知识，还能够培养批判性思维和创新能力。

3.加深对教育实际的理解

通过教育实习和实际操作，学生能够更深入地了解教育实际，更好地适应未来的教育工作。这使他们在毕业后更具备实际应对挑战的能力。

（四）实践导向师范教育模式的局限性

1.需要更多的时间和资源

实践导向的师范教育模式需要更多的时间和资源，包括组织实习、案例分析、问题解决等活动。这对一些学校和学生来说可能是一种挑战。

2.难以完全覆盖所有的教学情境

尽管实践导向的师范教育模式可以覆盖一些教学情境，但无法涵盖所有可能遇到的情况。教育实际的多样性和复杂性使得完全依赖实践导向的教育模式难以应对所有教学挑战。有时候，一些特殊情境或新兴教育领域的知识可能无法在实践中得到全面的涵盖。

3. 对学生自主学习能力的要求较高

实践导向的师范教育模式强调学生的主动参与和自主学习，这要求学生具备较强的自主学习能力。一些学生可能在自主学习和问题解决上存在一定的困难，需要额外的支持和指导。

（五）未来发展趋势与思考

1. 教育科技的融入

未来实践导向的师范教育模式会更加融入教育科技，借助虚拟实境（VR）和增强现实（AR）等技术，使学生能够在虚拟环境中模拟实际教学场景，提高实际操作能力。

2. 网络化的实践教学

随着网络技术的发展，未来实践导向的师范教育将更多地采用在线教育平台。这样的平台可以提供更多的实践资源，使学生能够随时随地参与实践活动。

3. 跨学科实践

未来的师范教育模式可能更加强调跨学科实践。通过与其他专业领域的学生合作，师范生可以更全面地理解教育问题，并学到更多相关领域的知识和技能。

4. 教师专业发展的整体化

未来的师范教育可能更注重整体的教师专业发展，包括教育研究、教育领导力等方面。这将使师范生在教学实践中更好地理解教育的复杂性，为未来的职业发展做好准备。

实践导向的师范教育模式以其注重实际操作、问题解决和综合素养的培养而备受关注。尽管存在一些局限性，但随着教育理念的不断演变和科技的发展，这一模式将不断优化和完善。未来，实践导向的师范教育将更加多元化，更加贴近实际教育场景，为培养更优秀的教育专业人才提供更为有效的途径。

第二节　教师的职业发展与培训

一、教师职业发展的阶段与路径

教师是社会中一群重要的专业人士，他们的职业发展不仅关系到个体的成长，也直接影响到教育体系的健康发展。教师职业发展是一个复杂而多层次的过程，涉及新手教师到专业导师、校领导等多个阶段。本节将深入研究教师职业发展的各个阶段，并探讨不同阶段的发展路径、发展需求以及对教育体系的影响。

（一）新手教师阶段

1. 特征与任务

新手教师阶段是教师职业发展的起点。在这个阶段，教师通常刚刚从教育学院毕业，缺乏实际教学经验。主要任务是熟悉教学环境、建立课堂管理技能、逐渐形成教育理念和教学风格。

2. 发展路径

导师指导：新手教师可通过与资深教育导师的合作学习，获得实际教学的指导与反馈。

参与培训：可以参与学校或区域组织的教育培训，提升教学技能，了解教育政策和最新教育理念。

3. 发展需求

教育理论：需要深入了解教育理论，明确教育目标和方法。

课堂管理：需要培养良好的课堂管理技能，提高教学效果。

（二）中期教师阶段

1. 特征与任务

中期教师已经积累了一些教学经验，具备相对独立的教学能力。这个阶段的任务是不断提升专业水平，更好地适应学校的教育理念和发展需求。

2. 发展路径

参与专业发展项目：中期教师可以参与学科组、教研组等专业发展项目，与同行交流经验，共同提高。

申请进修：申请进修或攻读硕士、博士学位，提高学科素养和专业水平。

3. 发展需求

研究能力：需要提高教育研究能力，参与教育实践研究，促进个人和学校教育水平的提高。

领导力：需要培养组织和管理能力，有望在学校内担任一些管理职务。

（三）高级教师阶段

1. 特征与任务

高级教师已经具备了丰富的教学经验和较高的专业水平，此时的任务是在教学中更深入地挖掘学科知识，成为学科的专业人才。

2. 发展路径

学术研究：可以深入参与学术研究，发表学术论文，对学科有更深入的认识。

参与教育改革：可以参与学校或地区的教育改革项目，提出创新性的教学方法和理念。

3. 发展需求

教育领导力：需要具备一定的教育领导力，有望担任学科带头人、教务主任等职务。

培训他人：需要培训新手教师，分享自己的教学经验，促进团队共同提高。

（四）专业导师和校领导阶段

1. 特征与任务

在这个阶段，教师已经具备了较高的学科素养和管理能力，有望成为专业导师或学校领导，参与学校管理和决策。

2. 发展路径

申请高级职务：可以争取校领导或学科带头人等高级职务，参与学校的管理决策。

继续深造：可以继续深造，攻读博士学位，提升学科研究水平。

3. 发展需求

学科领域影响力：需要在特定学科领域有较高的影响力，为学科发展和学校提升做出更多贡献。

组织管理能力：需要具备较强的组织和管理能力，能够有效地领导学科组或学校的各项工作。

（五）对教育体系的影响

教师职业发展的不同阶段对整个教育体系都有深远的影响。以下是不同阶段对教育体系的具体影响：

1. 新手教师阶段

教学活力注入：新手教师带来新鲜的教学理念和活力，激发学生学习的热情，为学校注入新的教育动力。

教育培训需求：学校需要为新手教师提供系统的培训计划，以帮助他们更好地适应教育环境和提升专业水平。

2.中期教师阶段

专业化学科发展：中期教师通过专业发展项目和培训，推动学科的专业化发展，为学科提升和改革提供有力支持。

教研团队建设：中期教师在学科组和教研组中的不断努力，促进了教研团队的建设，有助于形成更为合理的教育教学体系。

3.高级教师阶段

学科创新：高级教师通过深入的学科研究和参与教育改革，推动学科的创新和发展，为学科的前沿提供更多的思考和实践。

学术交流和合作：高级教师在学术领域的影响力有助于促进学科内外的交流与合作，推动学术研究和经验分享。

4.专业导师和校领导阶段

教育领导力影响：专业导师和校领导通过自身的教育领导力，对学校的整体发展产生深远的影响，推动学校朝着更高质量发展。

组织架构优化：校领导层的形成使学校管理体系更加完善，能够更灵活地应对教育改革和社会需求。

（六）发展趋势与未来思考

1.个性化发展路径

未来，教师职业发展的趋势可能更加强调个性化发展路径。因材施教，为每位教师提供更符合其个体需求和发展方向的发展计划。

2.教育科技融入

随着教育科技的发展，未来教师职业发展可能更加依赖在线学习、虚拟培训等技术手段，使教师可以更方便地获取知识和进行专业发展。

3.跨领域学科发展

未来，教师职业发展可能更强调跨领域学科发展，培养具备多学科知识的综合型教师，更好地应对综合性和复杂性的教育问题。

4.教育研究的深入

未来，教育研究将更加深入，教师职业发展可能更加注重教育研究能力的培养，使教师更具有提升学科水平的能力。

教师职业发展是一个持续演变的过程，各个阶段都具有独特的特点和发展需求。在教育体系中，教师的不同发展阶段都对学校的整体发展产生积极的影响。从新手教师到高级教师再到专业导师和校领导，每个阶段都有其特定的任务和发展路径，为整个学校提供了多样化的教育资源和领导力。

未来，随着社会的发展和教育理念的不断创新，教师职业发展也将不断面临新的挑战和机遇。教育机构需要更加灵活地制订发展计划，为教师提供更多元化的发展路径。同时，教育科技的融入、跨领域学科的发展、教育研究的深入等趋势将为教师提供更广阔的发展空间，促进整个教育体系的不断创新和进步。

教师作为教育体系的中坚力量，其职业发展不仅关系到个体的成长，更深刻地影响着学生的学习和社会的进步。因此，教育机构和社会应该共同关注教师职业发展，为其提供良好的发展环境和支持体系，以推动教育事业的可持续发展。

二、师范教育培训课程的设计与实施

师范教育培训是为培养和提升教育从业人员的专业素养而设立的一项重要工作。培训课程的设计与实施直接关系到培养质量和培训效果。本节将深入探讨师范教育培训课程的设计与实施，包括设计原则、实施步骤、评估机制等方面的内容。

（一）培训课程设计原则

1. 需求导向

培训课程设计应当以教师的实际需求为导向。通过需求分析，了解教师在专业知识、教育技能、课堂管理等方面存在的不足，有针对性地制订培训计划。

2. 实践导向

培训课程设计要注重实践导向，将理论知识与实际教学相结合。通过案例分析、教学实习等实践活动，使培训内容更贴近教师实际工作，提升他们的实际操作能力。

3. 灵活性和可持续性

培训课程的设计应具有一定的灵活性，能够根据教师的不同需求和背景进行调整。同时，课程应当具备可持续性，能够适应不断变化的教育环境和政策要求。

（二）培训课程设计步骤

1. 需求分析

在设计培训课程之前，进行详细的需求分析是至关重要的。可以通过调查问卷、座谈会、教学观摩等方式收集教师的培训需求，明确培训的重点和方向。

2. 制定培训目标

基于需求分析的结果，明确培训的具体目标。目标应当具体、明确、可量化，有助于评估培训的成效。

3. 设计培训内容和形式

根据培训目标，设计培训的具体内容和形式。这包括专业知识的讲解、案例分析、教学实践、小组讨论等多种形式，以丰富培训过程。

4. 制定教材和资源

为培训设计相应的教材和资源，确保培训内容的权威性和实用性。教材包括教学大纲、案例分析、参考书目等。

5. 制订培训计划

根据培训内容和形式，制订详细的培训计划，包括培训时间、地点、授课人员等信息。计划要充分考虑教师的工作安排和学习习惯。

6. 实施培训

培训的实施阶段要保证培训计划的顺利进行。培训课程的教学内容要生动有趣、培训形式要多样灵活，以激发教师的学习热情和积极性。

（三）培训课程实施中的关键点

1. 参与度管理

培训过程中要注意管理教师的参与度。采用互动性强的教学方法，引导教师积极参与讨论、实践活动，提高学习效果。

2. 反馈机制

建立有效的反馈机制，及时了解教师对培训的反馈意见。可以通过问卷调查、小组讨论、个别面谈等方式搜集意见，为后续的培训改进提供依据。

3. 实际应用与跟进

培训结束后，要鼓励教师将所学知识和技能应用于实际教学中。同时，建立跟进机制，通过教学观摩、教学设计评估等方式，检验培训效果，为后续培训提供参考。

（四）培训课程评估机制

1. 学员评估

学员评估是培训评估的重要环节。通过学员的自我评价和培训组织方的评价，了解学员对培训的满意度、收获和建议，为培训效果的改进提供依据。

2. 教学评估

对培训课程的教学过程进行评估，包括教学方法的有效性、教学内容的实用性等方面。教学评估结果有助于发现问题，及时调整培训过程。

3. 效果评估

培训效果评估是整个培训过程的终极目标。通过对教师实际教学情况的跟踪观察、学生学业成绩的改善等方式，评估培训对教师职业发展和学生学习成果的实际影响。效果评估结果是培训的最终检验，也是提升培训质量的关键。

4. 持续改进

培训课程设计和实施是一个动态的过程，需要不断进行持续改进。通过定期的评估，总结经验教训，及时调整培训计划，以适应教育环境和需求的变化。

（五）师范教育培训的创新与发展

1. 教育技术的融入

随着教育技术的不断发展，师范教育培训可以充分利用在线教育平台、虚拟实境（VR）、人工智能（AI）等技术手段，提供更丰富多彩的培训体验。通过在线互动、虚拟教学场景等方式，实现师资培训的全球化和个性化。

2. 跨学科培训

未来的师范教育培训可以更加注重跨学科的培训，使教师在不同学科领域都具备一定的知识和能力。这有助于培养更全面、跨学科素养的教育专业人才。

3. 反思性实践

培训课程可以引入反思性实践的理念，鼓励教师通过反思自己的教学实践，不断优化教学方法和策略。这有助于教师形成自主学习的习惯，提高教育教学质量。

4. 职业生涯规划

培训课程包括职业生涯规划的内容，可以帮助教师更好地规划自己的职业发展路径。这有助于激发教师的职业热情，促进其在教育领域的长期发展。

师范教育培训课程的设计与实施是教育体系中关键的环节，直接关系到教师的专业素养和教育质量。在设计阶段，需充分考虑教师的需求，注重实践导向，保持灵活性和可持续性。实施阶段，要关注学员的参与度管理、建立有效的反馈机制，并注重实际应用与跟进。

培训课程的评估机制需要全面，包括学员评估、教学评估和效果评估等多个方面，以全面了解培训的质量和效果。在未来，师范教育培训可以通过教育技术融入、跨学科培训、反思性实践和职业生涯规划等方式，不断创新发展，适应不断变化的教育需求和挑战。只有不断改进培训课程，提高教师专业水平，才能更好地服务于教育事业的可持续发展。

三、职业导师制度与教师发展支持

教师是教育体系中的核心力量，其职业发展与素养水平直接影响着教育质量。为了提升教师的专业水平、解决职业发展中的困扰，职业导师制度应运而生。下面将深入探讨职业导师制度在教师发展中的作用，包括制度设计原则、实施步骤、对教师发展的支持等方面。

（一）职业导师制度设计原则

1. 个性化和差异化

职业导师制度应基于教师个体的特点和需求，制订个性化和差异化的发展计划。考虑到不同教师的职业发展阶段、兴趣爱好、学科特长等，制度应提供多样性的支持和指导。

2. 持续性发展

制度应具备持续性的发展机制，包括定期的职业规划、发展目标的更新和调整，以适应教师职业发展的动态变化。

3. 双向沟通与互动

职业导师制度应建立良好的双向沟通机制，鼓励教师与导师之间的互动。这有助于导师更好地了解教师的需求，提供更精准的指导。

（二）职业导师制度实施步骤

1. 确立导师角色

明确导师的角色和职责，包括提供职业指导、支持教学实践、促进教师专业成长等。导师的选拔应注重其丰富的教学经验和辅导能力。

2. 教师需求调研

在制度实施前，进行教师的需求调研，了解他们的职业发展期望、困扰和需求。这有助于制订更切实可行的发展计划。

3. 制订个性化发展计划

根据调研结果，制订个性化的发展计划。计划应明确发展目标、发展路径、支持措施等，以确保计划的针对性和可操作性。

4. 提供专业培训

为导师提供专业培训，使其具备更好的辅导和指导能力。培训内容包括教育心理学、职业规划方法、沟通技巧等。

5. 建立导师制度评估机制

建立导师制度的评估机制，通过定期的评估了解导师制度的实施效果。根据评估结果，对制度进行适时的调整和改进。

（三）职业导师制度对教师发展的支持

1. 职业规划

职业导师制度通过个性化的职业规划，帮助教师明确职业发展目标和路径。导师可以提供职业生涯建议，帮助教师更好地规划自己的未来。

2. 教学实践支持

导师制度提供对教学实践的支持，包括教学设计、课程评估、教学技能培养等方面。导师可以从经验上为教师提供指导，帮助其在教学中更加得心应手。

3. 专业素养提升

导师可以针对教师的专业素养进行有针对性的培训和指导，包括学科知识、教育技能、评估能力等方面，从而提升教师的整体素养水平。

4. 心理健康关怀

职业导师不仅仅关注教师的职业发展，还关注其心理健康。导师在支持教师时，应注重对其情感状态的了解，提供必要的心理健康支持。

（四）面临的挑战与应对策略

1. 时间和资源限制

教育机构在导师制度实施过程中可能面临时间和资源的限制。应通过科学的资源配置和培训计划，合理利用有限的资源，确保导师制度的顺利推进。

2. 导师与教师之间的关系

有时导师与教师之间的关系可能受到职业层级和个人因素的影响。为了构建良好的关系，需要加强双向沟通，确保导师的建议能够被教师理解和接受。

3. 评估机制不健全

一些机构在导师制度中可能存在评估机制不健全的问题，导致制度无法有效发挥作用。建立完善的评估机制，包括教师对导师的评价、导师对教师的发展情况评估等，能够更好地指导制度的改进和优化。

4. 职业发展多样性

教师职业发展的多样性使得设计适用于所有教师的导师制度变得复杂。应采取灵活的制度设计，满足不同教师的多样性需求，可能需要有多层次、多通道的导师支持体系。

（五）未来发展与创新

1. 引入数字化技术

未来职业导师制度可以引入数字化技术，如智能化的职业规划工具、在线导师支持平台等，提高制度的智能性和便捷性。

2. 建立行业合作

与教育相关的行业和企业进行合作，将外部资源引入导师制度，为教师提供更广泛的发展机会，加强与实际行业的对接。

3.培育更多的导师

通过专业培训和激励机制，培育更多优秀的导师，形成导师队伍的多样性，以更好地服务于不同层次和领域的教师。

4.职业发展大数据分析

利用大数据分析技术，深入研究教师的职业发展轨迹，提供更精准的发展建议，为教师提供个性化的发展路径。

职业导师制度是教育体系中关键的支持系统，为教师提供了全方位的职业发展支持。在制度设计上，要注重个性化、差异化和持续性发展，确保导师制度贴近教师的实际需求。在实施过程中，要强调导师的培训和评估机制，保障制度的有效运作。同时，未来的发展要关注数字化技术的引入、与行业的合作、导师队伍的培育及大数据分析等方面，使职业导师制度能够更好地适应教育发展的需要，为教师的职业成长提供更为优质的支持。通过不断的创新和完善，职业导师制度将更好地推动教育事业的进步。

第三节　实践导师的角色与支持

一、实践导师的概念与职责

实践导师作为教育体系中的关键角色之一，扮演了引导、支持和评估教师实践的重要角色。本节将深入探讨实践导师的概念、职责，以及在教育体系中的作用。

（一）实践导师的概念

1.实践导师的定义

实践导师是指在教育实践中，具有丰富经验和专业知识的人员，通过指导、辅导和反思，引导教育从业者在实际工作中不断成长、提升专业水平的专业导师。实践导师通常是在教育机构、学校或其他教育组织中工作的有经验的教育专业人士。

2.实践导师的特征

丰富经验：实践导师通常具有丰富的实际教学经验，对教育领域有深刻的理解和洞察。

专业知识：他们拥有扎实的学科知识和教育理论，能够为实习教师提供专业的指导和建议。

导师素养：实践导师具备较强的沟通、引导和反思能力，能够与实习教师建立良好的关系，引导其自主发展。

（二）实践导师的职责

1. 指导实习教师的教学实践

实践导师的首要职责是指导实习教师的教学实践。他们通过观摩、指导、建议，帮助实习教师提升教学技能，改进课程设计，提高教学效果。

2. 促进实习教师的专业发展

实践导师应关注实习教师的个体发展需求，制订个性化的发展计划，帮助其规划职业发展路径，提升专业素养。

3. 提供教育咨询和支持

实践导师在教学过程中，除了关注实习教师的技能提升，还应关注其心理状态和教育理念。他们要为实习教师提供教育咨询和心理支持，帮助其解决教学中的困扰和挑战。

4. 进行教学评估和反馈

实践导师负责对实习教师的教学进行评估，提供及时、具体的反馈。评估的目的是帮助实习教师认识自己的优势和不足，促进其在教学中的自我完善。

5. 参与实践教学团队

实践导师通常是实践教学团队的一员，与其他导师、教育专家共同合作，分享教学经验，讨论教育理念，共同提高教学水平。

（三）实践导师在教育体系中的作用

1. 促进新教师的适应

实践导师在新教师入职时发挥重要作用，通过引导、支持和分享经验，帮助新教师更快地适应教育工作环境，融入学校文化。

2. 提高教学质量

通过实践导师的指导和评估，实习教师得以及时了解自己的教学效果，从而调整教学方法，提高教学质量。

3. 促进教育创新

实践导师通过分享创新教学方法、引导实习教师进行教学研究，推动学校教育的创新和发展。

4. 增进教育团队协作

实践导师作为教育团队中的一员，通过与其他教育专业人士协作，共同推动学校教育事业的发展，形成协作共赢的局面。

（四）面临的挑战与应对策略

1.时间和资源限制

实践导师可能面临时间和资源有限的问题。为解决这一挑战，教育机构可以通过提供专业培训、优化导师分工等方式，提高实践导师的工作效率。

2.个体差异

实践导师需要面对不同实习教师的个体差异，包括教学风格、学科特点等。因此，导师需要具备较强的个案分析和个性化指导的能力。

3.专业发展需求

实践导师本身也需要不断进行专业发展，以适应教育领域的变化。

为解决导师的专业发展需求，可以制订专门的培训计划、提供教育资源和支持，使实践导师能够保持教育前沿的知识和方法。

4.教育体系的认可

有些学校或教育体系可能对实践导师的作用和价值认知不足。为应对这一挑战，可以通过组织研讨会、分享会等方式，向学校管理层和其他教育从业者介绍实践导师的角色和贡献，提高他们的认知度。

（五）未来发展与创新

1.引入技术支持

未来实践导师可以借助现代技术，如远程会议、在线教育平台等，提供更便捷的支持。这有助于解决时间和空间上的限制，实现更广泛的导师支持。

2.发展共享平台

建立实践导师共享平台，使导师可以分享教学案例、课程设计、教学资源等。这样的平台有助于导师之间的合作，提高教育领域的整体水平。

3.跨学科合作

实践导师不仅可以在自己的领域内提供支持，还可以通过跨学科合作，为教师提供更全面的支持。跨学科的合作有助于打破学科壁垒，促进综合素养的培养。

4.建立导师网络

建立实践导师的专业网络，促进导师之间的互动和合作。这样的网络可以促进经验的共享，提供更广泛的专业支持。

实践导师作为教育体系中的关键角色，对提升教育质量、促进教育创新和支持教师专业发展起到了至关重要的作用。通过深入了解实践导师的概念和职责，以及他们在教育体系中的作用，我们可以更好地认识到实践导师在塑造未来教育的过程中所扮演的重要角色。面对挑战，通过创新和不断发展，实践导师将更好地适应教育领域的变革，为培养更具专业素养的教育人才贡献力量。

二、实践导师在师范教育中的作用

师范教育是培养优秀教育从业者的关键阶段，而实践导师在师范教育中扮演着至关重要的角色。实践导师通过指导、支持和评估实习教师，帮助他们在真实的教育场景中不断成长。本节将深入探讨实践导师在师范教育中的概念、职责以及对教育从业者成长的积极作用。

（一）实践导师的概念

1. 实践导师的定义

实践导师是师范教育中的专业人士，具有丰富的教育经验和深厚的学科知识。他们在实际教育场景中担任导师角色，指导、辅导实习教师，帮助他们逐步成长为合格的教育专业人才。

2. 实践导师的特征

教育专业背景：实践导师通常具备教育学或相关专业的学位，拥有扎实的教育理论基础。

丰富的实践经验：他们在实际教育工作中积累了丰富的实践经验，对教育过程和学生需求有深刻的理解。

导师素养：实践导师应具备良好的沟通能力、指导能力和团队协作精神，以更好地引导实习教师的成长。

（二）实践导师的职责

1. 指导实习教师的教学实践

实践导师的首要职责是指导实习教师的教学实践。他们通过观摩、指导、共同备课等方式，帮助实习教师提高教学水平，逐步独立完成教学任务。

2. 促进实习教师的专业发展

实践导师应关注实习教师的个体发展需求，制订个性化的发展计划，帮助其规划职业发展路径，提升专业素养。

3. 提供教育咨询和支持

在实践教学过程中，实践导师不仅要关注实习教师的教学技能，还需关注其心理状态和教育理念。他们应为实习教师提供教育咨询和心理支持，帮助其解决在教学中遇到的问题。

4.进行教学评估和反馈

实践导师负责对实习教师的教学进行评估，提供及时、具体的反馈。通过评估，实习教师可以了解自己的优势和不足，更好地改进教学方法。

5.参与教育团队

实践导师通常是教育团队的一员，与其他导师、教育专家共同合作，分享教学经验，共同提高教学水平。

（三）实践导师在师范教育中的作用

1.培养实践技能

通过指导实习教师的实际教学活动，实践导师可以帮助他们培养实际操作的技能。这包括教学设计、课堂管理、学科知识的传授等方面。

2.促进专业素养的提升

实践导师关注实习教师的专业素养，帮助他们在专业知识、教育理论等方面取得更高水平。通过专业导师的引导，实习教师能够更好地理解教育的本质和目标。

3.培养教育理念

实践导师在指导的过程中，与实习教师深入交流，促使他们形成明确的教育理念。这有助于实习教师在未来的教学中保持教育初心，坚持专业的道德标准，为学生提供更有深度和广度的教育。

4.培养团队协作能力

在教育体系中，实践导师不仅仅是个体教育者，还是一个团队的一员。通过参与教育团队，他们带领实习教师体验团队协作的重要性，培养团队合作和协同工作的能力。

5.促进教育创新

实践导师作为教育专业人士，通过分享创新的教学方法、引导实习教师进行教育研究，促进教育创新的发展。这有助于整个教育体系在教学方法和理念上的不断更新。

6.提高教学质量

实践导师通过对实习教师的指导和评估，有助于提高教学质量。实践导师的专业经验和反馈有助于实习教师更全面地了解自己的教学表现，及时调整和改进。

（四）面临的挑战与应对策略

1.时间和资源有限

实践导师可能面临时间和资源有限的问题，尤其是在繁忙的教学环境中。为解决这一问题，教育机构可以通过提供更灵活的导师工作安排、提供专业发展资源等方式，优化导师的工作环境。

2. 个体差异

实践导师需要面对不同实习教师的个体差异，包括教学风格、学科特点等。因此，导师需要具备较强的个案分析和个性化指导的能力。

3. 专业发展需求

实践导师本身也需要不断进行专业发展，以适应教育领域的变化。教育机构可以提供相关的专业培训、参与研讨会等方式，支持实践导师的专业成长。

4. 教育体系的认可

有些学校或教育体系可能对实践导师的作用和价值认知不足。为应对这一挑战，可以通过组织研讨会、分享会等方式，向学校管理层和其他教育从业者介绍实践导师的角色和贡献，提高他们的认知度。

（五）未来发展与创新

1. 引入数字化技术

未来，可以引入数字化技术，如在线教育平台、虚拟实习教学等，提供更灵活和便捷的导师支持。这有助于克服时间和空间的限制，使导师支持更为普遍。

2. 跨学科合作

未来实践导师可以加强与其他学科、领域的合作，为实习教师提供更多元化的支持。跨学科合作有助于拓宽实习教师的视野，提升其综合素养。

3. 建立导师网络

建立实践导师的专业网络，促进导师之间的互动和合作。这样的网络可以促进经验的共享，提供更广泛的专业支持。

4. 发展导师培训体系

建立完善的导师培训体系，为新任导师提供系统的培训，帮助其更好地履行导师职责。培训内容包括教学技能、教育心理学、团队协作等方面。

实践导师在师范教育中的作用不仅仅是教学的传承者，更是教育理念的引导者和实践的推动者。通过指导、支持和评估实习教师，实践导师有助于培养出更具有实际操作能力、专业素养和创新精神的教育人才。未来，通过创新和不断发展，实践导师将更好地适应教育领域的变革，为培养更具专业素养的教育人才贡献力量。

三、导师与师范生关系的管理与建设

在师范教育中，导师与师范生的关系是非常重要的，直接影响到师范生的成长和专业发展。良好的导师制度和导师与师范生关系的管理与建设，对培养优秀的教育人才具有重要意义。本节将深入探讨导师与师范生关系的概念、管理方法以及建设策略。

（一）导师与师范生关系的概念

1. 导师与师范生的互动关系

导师与师范生关系是一种基于互信、互动和共赢的关系。导师作为经验丰富的专业人士，负责指导、支持和评估师范生的实践教学和专业发展，同时师范生通过与导师的互动，获取知识、经验和专业素养。

2. 关系的动态性

导师与师范生的关系是一个动态发展的过程。在这个过程中，导师需要不断调整自己的教学策略，根据师范生的需求进行个性化的指导，以确保关系的良好发展。

（二）导师与师范生关系的管理方法

1. 设定明确的期望和目标

在关系建设的初期，导师和师范生应共同设定明确的期望和目标。这包括师范生在实习期间需要达到的教学目标、专业发展目标等。明确的期望和目标有助于双方更好地理解对方的期望，提高合作效率。

2. 提供个性化的指导

由于每位师范生的背景、兴趣和发展需求都不同，导师需要提供个性化的指导。这包括根据师范生的学科专业、教学风格等方面的特点，调整指导方法，使之更贴近师范生的实际需求。

3. 鼓励开放沟通

开放而积极的沟通是关系管理中至关重要的一环。导师和师范生之间应该建立起一种互相信任、开放交流的氛围。导师要鼓励师范生提出问题、分享困扰，而师范生也要敢于表达自己的观点和需求。

4. 提供及时的反馈

导师应该及时向师范生提供反馈，包括对其教学实践的评价、对专业发展的建议等。及时的反馈可以帮助师范生更好地了解自己的优势和不足，及时调整和改进。

5. 创造共同的学习环境

导师和师范生应该共同努力，创造一个积极的学习环境。这包括共同参与课程研讨、教学设计、教学反思等活动，形成共同学习的氛围，促进彼此的专业成长。

（三）导师与师范生关系的建设策略

1. 制订导师培训计划

为了提高导师的指导水平，教育机构可以建立导师培训计划，包括教育理论、心理学、沟通技巧等方面的培训内容。这有助于导师更好地理解师范生的需求，提高指导效果。

2. 制定明确的导师与师范生合作标准

明确的合作标准有助于规范导师与师范生的关系。这包括明确指导的频率、反馈的方式、共同参与的教学活动等。合作标准的明确性可以降低双方的误解，提高合作效率。

3. 建立导师与师范生交流平台

为了促进导师与师范生之间的交流，可以建立在线平台或定期组织交流活动。这样的平台可以是线上的论坛、博客，也可以是线下的研讨会、沙龙等形式。通过这样的平台，导师和师范生可以更方便地分享经验、解决问题。

4. 鼓励导师团队合作

导师团队的合作可以带来更多的资源和经验。教育机构可以鼓励导师之间的合作，促使他们共同参与更多的教育活动，分享资源和经验。导师团队的合作有助于提高整体的指导水平。

5. 建立反馈机制

建立定期的反馈机制，使导师和师范生都能对双方的表现提出建议。这有助于双方不断优化关系，改进合作方式，确保关系的稳健发展。

（四）面临的挑战与应对策略

1. 个体差异和期望不一致

由于每位师范生的个体差异，他们的学科背景、学习风格、发展需求等各不相同，这可能导致导师与师范生之间期望的不一致。为了解决这一挑战，导师需要在关系初期进行充分的沟通，了解师范生的个体差异，制订个性化的指导计划。

2. 时间压力

导师通常在教学工作之外还需要承担其他职责，时间可能会成为管理和建设关系的挑战。在这种情况下，教育机构可以通过合理分配工作任务、提供专业发展资源等方式，减轻导师的工作压力，使其更能专注于与师范生的关系建设。

3. 技术差异

部分导师可能对新技术和在线平台不够熟悉，这可能阻碍了与师范生在线互动的效果。为了解决这一挑战，可以提供相关的技术培训，帮助导师熟悉和应用新技术，促进在线合作。

4. 缺乏有效的反馈机制

如果缺乏有效的反馈机制，导师与师范生之间的问题可能得不到及时解决。建立定期的反馈机制，鼓励师范生对导师提出建议，同时导师也要给予及时的指导反馈，以保持关系的良好发展。

（五）未来发展与创新

1. 引入技术支持

未来，可以引入更多的技术支持，如在线平台、虚拟实习环境等，以提升导师与师范生之间的互动。这有助于解决地理距离、时间限制等问题，使导师与师范生更便捷地合作。

2. 制定导师评估体系

建立导师的评估体系，对导师的指导质量、学科知识水平等进行全面评估。这有助于鼓励导师提高自身水平，同时也为师范生提供选择优质导师的参考。

3. 强化导师培训

继续加强导师的培训，涵盖教育理论、技术应用、心理学等多方面内容，以提高导师的专业水平和关系管理能力。

4. 发展在线社群

建立在线社群，让导师与师范生能够更自由地进行交流、分享资源和经验。通过在线社群，可以形成更加活跃和丰富的学习环境。

导师与师范生关系的管理与建设是师范教育体系中至关重要的一环。通过设定明确的期望、提供个性化的指导、鼓励开放沟通等方法，可以建立良好的导师与师范生关系。未来，随着技术的发展和培训机制的不断完善，导师与师范生之间的关系将更趋向于开放、灵活和有深度。这样的关系有助于培养出更具专业素养和创新精神的教育人才，为教育事业的可持续发展奠定坚实基础。

（六）师范生在导师关系中的积极角色

在导师与师范生的关系中，师范生也扮演着积极的角色，他们可以通过以下方式促进关系的建设：

1. 明确个人目标和期望

师范生在与导师建立关系的初期，应明确个人的学习目标和期望。清晰的目标有助于导师更好地理解师范生的需求，提供更有针对性的指导。

2. 积极参与学习

师范生应积极参与学习活动，包括教学研讨、课堂观摩等。通过与导师共同参与学术和教学活动，可以增进双方的了解，加深关系的基础。

3. 主动寻求反馈

师范生应主动向导师寻求反馈，包括对自己教学的建议和改进意见。这种自觉性有助于加强导师与师范生之间的互动，促进教学水平的提高。

4. 建立学习计划

师范生可以制订自己的学习计划，明确发展方向和步骤。与导师分享学习计划，以便导师更好地指导和支持师范生的成长。

5. 积极反馈导师表现

师范生也可以积极地给予导师反馈，包括导师在指导中的优点和改进之处。建立双向的反馈机制有助于师生关系的平衡和持续发展。

（七）导师与师范生关系的考量标准

在建设和管理导师与师范生关系时，必须严格遵循一些原则，确保关系的公正、公平和透明。以下是一些关键的考量标准：

1. 尊重师范生的个人权利

导师在指导过程中要尊重师范生的个人权利，包括隐私权、学术自由等。不得侵犯师范生的合法权益。

2. 公正评价

导师在对师范生进行评价时必须保持公正、客观。评价应基于客观的标准，避免个人偏见和歧视。

3. 提供平等机会

导师应该为所有师范生提供平等的学习机会，不得因性别、种族、宗教等因素而对师范生进行歧视。

4. 防范学术不端

导师与师范生关系中应当防范学术不端行为，包括抄袭、作弊等。对发现的学术不端行为，应当及时采取相应的纠正措施。

导师与师范生关系的管理与建设是师范教育体系中至关重要的一部分。通过明确目标、建立有效的沟通机制、促进师范生的自主学习，可以建立起良好的关系。同时，考量标准是关系管理的基础，必须保持公正、透明、尊重师范生权利。未来，随着教育理念和技术的不断发展，导师与师范生关系的管理与建设将面临更多的挑战和机遇。通过不断创新和完善，将能够培养出更多具备专业素养、创新能力和教育责任心的优秀教育人才。

第四节 师范教育的教师教育研究与创新

一、教师教育研究的热点与趋势

教师教育是教育体系中至关重要的一环，直接关系到教育质量和未来的社会发展。随着时代的变迁和教育理念的不断演进，教师教育研究也在不断深化和拓展。本节将探讨当前教师教育研究的热点问题和未来发展趋势。

（一）教育技术的融入

1. 在线教育平台的发展

随着信息技术的飞速发展，在线教育平台逐渐崭露头角。教师教育研究关注如何有效地利用在线平台，提升教师培训的效果。研究者们致力于开发适用于在线环境的培训课程，并关注在线互动和反馈的有效性。

2. 虚拟现实（VR）和增强现实（AR）技术

虚拟现实和增强现实技术为教师培训提供了全新的可能性。通过模拟教学场景，教师可以在虚拟环境中进行实际操作和反思。这促使研究者关注如何结合 VR 和 AR 技术，提高教师的实践能力和教学创新。

（二）教师专业发展与职业生涯

1. 导向教师专业发展的导师制度

导师制度在教师专业发展中扮演着重要角色。研究者关注导师制度的建设和效果评估，旨在为教师提供更系统、个性化的专业发展支持。

2. 教师职业生涯路径的多元化

传统上，教师职业生涯路径相对固定。但随着社会的多元化和职业选择的增多，研究者开始关注教师职业生涯的多样性。如何支持不同类型的教师职业发展成为研究的重点。

（三）跨学科教育与综合素养培养

1. 跨学科教育研究

当前社会问题越加复杂，跨学科能力变得至关重要。研究者开始关注如何在教师培训中融入跨学科元素，培养教师更全面地认识和解决问题的能力。

2.教师综合素养的培养

除了专业知识，教师还需要具备广泛的综合素养，如领导力、人际沟通能力等。研究者致力于开发培养计划，使教师在多个方面都能得到全面发展。

（四）教育公平与多元文化教育

1.教育公平研究

教育公平一直是教育领域关注的焦点。教师教育研究者关注如何在教师培训中强调公平意识，使教师能够更好地应对来自不同背景学生的需求。

2.多元文化教育

多元文化教育研究涉及如何培养教师在跨文化环境中教学的能力。研究者致力于开发培训课程，使教师能够更好地理解和尊重不同文化背景学生的学习风格。

（五）教育政策和改革

1.教育政策对教师培训的影响

教育政策对教师培训有着深远的影响。研究者关注不同教育政策对教师培训体系的塑造，以及政策变革对教师专业发展的影响。

2.教育改革中的教师角色

随着教育理念的演变，教育改革也在不断进行。教师教育研究者关注在新的教育体系中，教师的角色应该如何定义和发展。

（六）面向未来的挑战与发展趋势

1.教育科技的创新与应用

教育科技的创新不仅为教学提供了更多可能性，同时也带来了新的挑战。教师教育研究需要关注如何更好地整合科技创新，使其真正服务于教师培训的需求。

2.教育领域的国际化合作

教育问题往往具有国际性特征，因此国际化合作成为未来教育研究的重要趋势。教育学者需要关注不同国家和地区的教育制度、教学模式和培训方法，以借鉴和分享成功的经验，促进全球范围内教育的提升。

3.教育领域的社会参与和反馈

社会参与和公众反馈对教育研究的价值和有效性至关重要。研究者需要更加关注社会的需求和期望，将教育研究成果更好地反哺到实际教学和教师培训中，实现研究与实践的有机结合。

4.教育领域的可持续发展

可持续发展理念在全球范围内逐渐得到关注，也渐渐渗透到教育领域。教育的可持续发展要求教师具备跨学科的知识，关注社会、环境等多方面的因素，将学生培养成为有社会责任感的公民。因此，教育领域需要研究如何更好地整合可持续发展理念，培养符合未来社会需求的教育从业者。

5.教育领域的数据驱动研究

大数据和人工智能技术的发展为教育研究提供了更为丰富和深入的数据来源。研究者可以通过分析大数据，深入了解学生的学习习惯、教学效果等方面，为教育决策和教师培训提供更为精准的参考。

6.教师心理健康与职业满意度

教育领域一直以来都是高压力职业，教师的心理健康和职业满意度对教学效果和学生发展至关重要。未来的研究需要关注如何更好地支持教师的心理健康，提高他们的职业满意度，从而更好地服务于学生的成长。

（七）教师教育研究的热点与趋势

教师教育研究的热点与趋势涵盖了众多方面，从技术创新到教师专业发展、跨学科教育到教育公平，都呈现出丰富的多样性。在未来，随着社会的不断发展和教育理念的演变，这些热点与趋势将不断调整和深化。

为了更好地培养适应未来社会需求的优秀教育人才，教育领域需要不断深化研究，推动教育体系的创新和进步。同时，加强国际合作、关注教育领域的可持续发展，也是未来研究的重要方向。通过全球范围内的合作与共享，可以更好地应对全球性的教育挑战，推动教育事业迈向更高水平。

二、教育科研在师范教育中的应用

教育科研在师范教育中的应用对培养高质量、创新型的教育人才具有重要意义。师范教育作为培养未来教育者的重要环节，需要不断吸收和运用前沿的教育科研成果，以更好地适应和引领教育发展的潮流。下面将探讨教育科研在师范教育中的应用，深入探讨其对师范生培养、教学改革以及教育体系创新的影响。

（一）教育科研对师范生培养的影响

1.深化学科知识

教育科研不仅关注教学方法和策略，更关注学科知识的深化和更新。在师范生的培养中，科研成果可以为其提供最新的学科知识和理论基础。师范生通过参与教育科研项目，深入了解学科最新进展，提高学科素养，为未来的教学奠定坚实基础。

2. 培养研究意识和创新能力

通过参与教育科研，师范生可以培养研究意识和创新能力。他们不仅能够学到研究的方法和技巧，更能够培养批判性思维和解决问题的能力。这对其未来成为具有研究素养的教育者至关重要。

3. 提升教学水平

教育科研的成果往往直接关系到教学质量。师范生通过参与科研项目，能够了解并运用先进的教学理念、策略和工具，提升他们的教学水平。同时，科研还能够促使师范生不断反思和改进自己的教学实践，形成自主学习和不断进步的习惯。

（二）教育科研对师范教育课程的影响

1. 丰富课程内容

教育科研的不断进展为师范教育课程提供了更加丰富和深入的内容。师范生通过参与教育科研项目，能够接触到最新的教育理论、教学模式和评估方法，使课程内容更加前沿和实用。

2. 引入实践和案例研究

教育科研强调理论与实践的结合，这一理念也被引入到师范教育课程中。通过引入实践性的教学案例和研究项目，师范生能够更好地将理论知识应用于实际教学中，增强实际操作能力。

3. 培养批判性思维

科研项目往往需要师范生对现有研究进行批判性思考，提出问题并寻找解决方案。这培养了师范生独立思考和批判性思维的能力，使其在未来的教学中能够更好地分析问题、解决问题。

（三）教育科研对师范生实习与实践的指导作用

1. 提供实践机会

教育科研项目为师范生提供了参与实践的机会。通过与教育科研团队或实验室合作，师范生能够深入实际教育场景，了解学校教学的具体情况，从而更好地为未来的教学实践做好准备。

2. 培养实践能力

参与科研项目有助于培养师范生的实践能力。在实际的教育科研过程中，师范生需要设计实验、采集数据、进行分析，这锻炼了他们解决实际问题的能力，提高了实践操作水平。

3. 促进理论与实践的融合

科研项目的实践性质促使师范生将理论知识与实际问题相结合。这有助于培养师范生在实际教学中更好地运用理论知识解决问题的能力，提升他们的实践水平。

（四）教育科研对教育改革的启示

1. 推动教育创新

在教育科研项目的推动下，师范教育能够更好地融入教育创新的浪潮。通过参与和引导教育科研，师范生和教育从业者可以共同思考和实践创新的教育理念、教学方法及教育管理方式。这为推动教育体系的不断创新提供了有力的支持。

2. 强调实证研究

教育科研强调实证研究，即通过数据和实际证据来支持理论和观点。这对教育改革提供了科学的依据和指导。师范生通过参与实证研究，能够更好地理解并运用证据驱动的教育改革策略，促进教育实践的质量提升。

3. 提升教师专业发展

教育科研的参与能够使师范生更好地理解教育专业的本质，激发了他们对教育事业的热情。这对提升师范生的专业发展水平具有积极的影响。在参与科研项目的过程中，师范生能够不断地完善自己的专业素养，为未来成为卓越的教育者奠定坚实的基础。

（五）教育科研在师范教育中的挑战与对策

1. 教育科研资源不足

面对教育科研资源有限的问题，师范教育需要通过建立更加紧密的校企合作关系，借助社会资源，提升教育科研的实施力度。同时，可以鼓励师范生积极参与公共科研项目，提高科研资源的有效利用率。

2. 实际教学与科研之间的距离

在实际教学和科研之间存在一定的距离，导致科研成果不能充分地渗透到实际教学中。师范教育可以通过优化教学体系，将科研成果更加有机地融入到实际的教育场景中，强化师范生在实际教学中的应用能力。

3. 科研能力培养难度大

对部分师范生而言，科研能力的培养难度较大。师范教育机构可以通过设计更加灵活的科研培训课程，提供导师指导，以及创设合适的科研实践平台，降低学生参与科研的门槛，激发他们的科研兴趣和潜力。

4. 教育科研与教学目标的平衡

师范教育在科研与教学目标之间需要进行平衡。一方面，科研能够提升教育质量；另一方面，不可过分强调科研而忽视了师范生的实际教学需求。在师范课程设计中，需要科学规划科研元素，确保科研与教学目标的有机结合。

教育科研在师范教育中的应用是一项挑战性而又具有广泛影响的工作。通过科研的参与，师范生能够更好地理解教育领域的前沿动态，培养独立思考和解决问题的能力，提升教学水平和专业素养。同时，科研的应用也能够推动师范教育的不断创新，为培养更适应时代需求的教育人才提供坚实支持。未来，师范教育应继续加强与科研机构的合作，充分利用科研资源，实现科研与实际教学的深度融合，共同推动教育事业的发展。

第五节　师范教育跨文化教学与国际交流

一、跨文化教学的理论基础

随着全球化的推进，跨文化教学作为一种教育模式受到越来越多关注。在跨文化教学中，教育者需要面对来自不同文化背景的学生，以促进有效的学习和相互理解。本节将探讨跨文化教学的理论基础，深入分析跨文化教学理论的发展和主要观点，以及这些理论如何指导实际的跨文化教学实践。

（一）文化维度理论

1. 霍夫斯泰德文化维度理论

霍夫斯泰德提出的文化维度理论是跨文化研究的重要基础之一。他在 20 世纪 70 年代通过对不同国家文化进行研究，提出了一系列文化维度，包括权力距离、不确定性规避、个人主义与集体主义、男性与女性角色等。这些维度揭示了不同文化之间的差异，为跨文化教学提供了重要的理论基础。

权力距离（Power Distance）：衡量社会中不同层级之间的权力关系。在高权力距离的文化中，人们更接受不平等的权力分配；而在低权力距离的文化中，人们更倾向于平等的权利关系。

不确定性规避（Uncertainty Avoidance）：衡量社会对不确定性和模糊性的容忍程度。高不确定性规避的文化更倾向于规范化和强调安全性，而低不确定性规避的文化更愿意接受不确定性。

个人主义与集体主义（Individualism vs. Collectivism）：衡量社会中个体与群体之间的关系。个人主义强调个体的独立和自由，而集体主义强调群体的一体性和合作。

男性与女性角色（Masculinity vs. Femininity）：衡量社会中男性和女性角色的分工。男性化的文化更注重竞争和成就，女性化的文化更注重关怀和质量生活。

2. 柏拉图文化维度理论

柏拉图的文化维度理论强调非言语沟通和文化之间的交互作用。他提出了"高/低上下文文化"和"单向/双向沟通模式"两个关键概念。

高/低上下文文化：高上下文文化中，人们通过上下文、非言语的暗示和隐喻来传达信息，而低上下文文化中，信息主要通过言语直接表达。这对理解沟通中的信息传递方式至关重要。

单向/双向沟通模式：单向沟通模式强调信息的直接传达，而双向沟通模式则强调信息的往返、反馈。这对理解不同文化中人际关系的构建和信息传递的方式有着重要影响。

（二）文化适应理论

文化适应理论强调个体在跨文化环境中的适应过程。这一理论关注个体对新文化的认知、情感和行为的调整。

1. 文化冲击

文化冲击是指个体在跨文化环境中由于文化差异而产生的困扰和不适感。这可能表现为对新文化的误解、困惑、焦虑等负面情感。文化适应理论强调教育者需要关注学生可能面临的文化冲击，通过提供支持和培训，帮助其更好地适应新文化。

2. 文化适应的阶段

文化适应理论认为，文化适应是一个经历不同阶段的过程。主要包括以下几个阶段：

初始阶段（Initial Stage）：个体刚开始接触新文化，可能感到新奇、兴奋，但同时也可能有一些困惑和不适。

困扰阶段（Disintegration Stage）：个体在适应过程中可能面临困扰和冲突，开始感受到文化差异的压力。

重新整合阶段（Reintegration Stage）：个体逐渐适应并重新整合自己在新文化中的身份，开始理解和接受文化差异，逐渐减轻了困扰感。

适应阶段（Adaptation Stage）：个体通过学习、理解和适应，成功地融入新文化，形成了一种相对稳定的适应状态。

反思阶段（Reflection Stage）：个体在适应过程中进行反思，对自己的文化认知、价值观进行深入思考，形成更加成熟和深刻的文化认知。

文化适应理论为跨文化教学提供了重要的参考。在教育实践中，了解学生可能经历的文化适应阶段，通过提供合适的支持和资源，帮助学生顺利度过文化适应过程，是跨文化教学的重要策略之一。

（三）跨文化教育理论

1. 文化教育理论

文化教育理论强调教育的文化维度，认为教育是文化传承和社会化的过程。在跨文化教学中，教育者需要了解学生所处文化的特点，以更好地设计教学内容和方法。该理论强调教育的文化根基对学生学习的重要性，教育者需要关注学生在教育过程中的文化认同、价值观等方面的发展。

2. 文化意识理论

文化意识理论认为，学生在跨文化教学中需要发展对自己和他人文化的认识和理解。教育者应该通过课程设计、教学活动等方式，激发学生对不同文化的兴趣，培养他们的文化敏感性和跨文化沟通的能力。这一理论强调在教育中培养学生的文化意识，使其能够更好地适应多元文化的社会环境。

（四）跨文化教学的实践原则

基于以上理论基础，跨文化教学的实践原则涵盖多个方面：

1. 尊重和理解文化差异

教育者应该尊重和理解学生来自不同文化背景的差异，包括语言、价值观、行为规范等。在设计课程和教学活动时，考虑到不同文化的学生可能对教学内容产生不同的理解和反应，创设尊重多元文化的教学环境。

2. 提供跨文化培训

在教学过程中，为学生提供跨文化培训，帮助他们更好地理解和适应新文化。这包括关于文化差异的教育、跨文化交流技能的培训等。通过培训，学生能够更好地应对文化冲击，提高文化适应的效果。

3. 引入跨文化案例和实例

在课程中引入真实的跨文化案例和实例，帮助学生更深入地了解文化差异的影响。通过分析和讨论这些案例，学生能够提高对跨文化现象的认识，培养对不同文化的开放性和包容性。

4.鼓励跨文化交流和合作

创造机会，鼓励学生进行跨文化交流和合作。可以通过小组项目、国际交流项目等方式，让学生亲身体验跨文化合作，促使他们学会在多元文化环境中进行有效沟通和合作。

5.持续反思和调整教学策略

教育者需要不断地反思和调整自己的教学策略。通过与学生的反馈和互动，了解他们在学习过程中可能遇到的文化障碍，及时调整教学方法，提升教学效果。

跨文化教学的理论基础为教育者提供了重要的指导原则。从文化维度理论到文化适应理论，再到跨文化教育理论，这些理论帮助教育者更好地理解学生在跨文化环境中的需求和挑战。在实践中，教育者应该结合具体情境，灵活运用这些理论，通过尊重文化差异、提供培训和创设合适的教学环境，促进学生的跨文化适应和跨文化能力的发展。跨文化教学的成功既有赖于教育者的理论指导，也需要他们在实践中不断探索和创新。

二、国际化课程设置与开展

随着全球化的发展，国际化课程在教育领域变得日益重要。国际化课程旨在培养学生全球意识、跨文化沟通能力和国际竞争力。下面将探讨国际化课程的设置与开展，涵盖国际化课程的定义、设计原则、开发过程以及实施中的挑战和机遇。

（一）国际化课程概述

1.国际化课程的定义

国际化课程是指在教育体系中融入全球视野，以培养学生具备国际视野、跨文化沟通能力和全球竞争力为目标的一类课程。这类课程通常涵盖国际事务、跨文化交流、全球问题等内容，旨在培养学生具备全球公民的素养。

2.国际化课程的意义

国际化课程的设置有助于实现以下目标：

全球视野：帮助学生拓宽视野，深入了解不同文化、国家和地区的社会、经济、政治等方面的情况。

跨文化沟通能力：培养学生具备有效的跨文化沟通和合作能力，使其能够在国际环境中融洽工作和生活。

全球竞争力：提升学生的国际竞争力，使其具备适应全球化职场和社会的能力。

（二）国际化课程设计原则

1. 全面性

国际化课程应该全面覆盖多个领域，包括但不限于国际政治、经济、文化、环境等。这有助于学生形成全面的国际视野。

2. 跨学科性

国际化课程应该跨足多个学科领域，将不同学科的知识融合在一起，使学生能够从多个维度全面理解国际事务。

3. 实践性

国际化课程应该强调实践性，通过实地考察、实习、项目设计等方式，使学生能够将理论知识应用到实际情境中。

4. 多元化

考虑到学生的多样性，国际化课程的设计考虑不同学生的背景和需求，包括但不限于文化、语言、学科兴趣等方面。

（三）国际化课程开发过程

1. 目标设定

在国际化课程开发的初期阶段，需要明确课程的培养目标。这些目标应该与培养学生的全球视野、跨文化沟通能力和国际竞争力密切相关。

2. 课程结构设计

设计国际化课程的结构时，需要确定课程的模块和主题，确保涵盖多个领域，并保证课程的逻辑性和连贯性。

3. 教材选择

选择适当的教材对国际化课程的成功开展至关重要。教材应该包括来自不同国家和文化的案例、研究和文献，以便学生能够接触到多元的信息。

4. 教学方法和活动设计

国际化课程的教学方法应该注重互动和实践，包括但不限于小组讨论、案例分析、实地考察、模拟联合国等活动，以提高学生的参与度和学习效果。

5. 考核与评价

设计科学合理的考核方式对国际化课程的评价至关重要。除了传统的考试和论文外，可以考虑采用项目评估、实地考察报告、团队合作评价等多元化的评估方式。

（四）国际化课程的实施挑战与机遇

1. 挑战

文化差异：学生来自不同的文化背景，可能对课程内容产生不同的理解，教育者需要解决跨文化沟通和理解的问题。

语言障碍：学生可能使用不同的母语，语言障碍可能成为阻碍学生学习的问题。

资源不足：开设国际化课程需要大量的跨文化资源，包括人才、资金、教材等，而有时资源可能有限。

2. 机遇

全球化背景：随着全球化的推进，国际化课程更符合当前社会的需求，能够吸引更多学生。

国际交流平台：国际化课程为学生提供了参与国际交流和合作的平台，有助于培养学生的国际交流能力和团队协作能力。

提升竞争力：学生通过参与国际化课程，不仅能够在国际舞台上获得更多的机会，还能够提升自己在就业市场上的竞争力。

创新与创业：国际化课程注重培养学生的创新思维和创业能力，有助于学生更好地适应不断变化的全球化社会。

（五）国际化课程的案例分析

哈佛大学的《全球化与国际事务》是一门旨在研究全球性问题的课程。该课程涵盖了全球政治、经济、文化等多个方面，强调学生需要具备全球视野，能够理解和解决全球性的挑战。

国际化课程的设置与开展是教育领域面对全球化挑战的重要举措。通过合理的设计、科学的开发过程和有效的实施，国际化课程有望培养更具有全球视野和跨文化沟通能力的学生。在实践中，需要教育者不断总结经验、应对挑战，充分发挥国际化课程在学生培养中的积极作用，推动教育体系更好地适应全球化的发展趋势。

三、国际交流项目对师资队伍的影响

随着全球化的推进，国际交流项目在教育领域变得越发重要。这不仅为学生提供了更广阔的学术视野和跨文化体验，也对师资队伍产生了深远的影响。本节将深入探讨国际交流项目对师资队伍的影响，包括师资队伍的国际化水平提升、教学方法的创新、学科研究的拓展以及师生关系的改善等方面。

（一）国际化水平的提升

1.跨文化体验

参与国际交流项目的教师能够亲身体验不同文化背景下的教育环境和学术氛围。这种跨文化体验有助于拓宽教师的国际化视野，加深对多元文化的理解，提高跨文化沟通的能力。

2.学术交流与合作

国际交流项目为教师提供了与国际同行进行学术交流和合作的机会。通过参与国际学术研讨会、访问其他国家的学术机构，教师可以了解最新的研究动态，建立国际性的学术网络，促进学科交叉与融合。

3.多语言能力

在国际交流项目中，教师可能需要应对多语言环境。这促使教师提高自己的语言能力，有助于更好地与国际学生和同行进行交流，提高语境下的沟通效果。

（二）教学方法的创新

1.跨文化教学策略

参与国际交流项目的教师常常会接触到不同国家和地区的学生，因此需要采用更灵活的教学策略以适应学生的多样性。跨文化教学策略的运用有助于提高教学的包容性，促进学生的跨文化理解与交流。

2.科技教育工具

在国际交流项目中，教师可能会接触到不同的科技教育工具和在线学习平台。这促使教师更加积极地尝试新的教学技术，更好地整合科技资源，提升教学的互动性和创新性。

3.实践性教学活动

国际交流项目通常鼓励实践性教学活动，如实地考察、实习项目等。这激发了教师设计更具实践性和应用性的教学活动的动力，有助于将理论知识更好地融入实际应用中。

（三）学科研究的拓展

1.国际合作研究

国际交流项目为教师提供了与国际同行合作开展科研项目的机会。通过共同参与国际性研究项目，教师能够拓展研究领域，分享不同文化背景下的研究经验，共同解决全球性的科研问题。

2. 跨学科研究

在国际交流项目中，教师常常有机会接触到其他学科领域的研究成果。这有助于促进跨学科的研究合作，拓展教师的学科视野，培养更具有综合能力的研究者。

3. 跨境研究项目

参与国际交流项目的教师可以选择开展跨境研究项目，深入了解其他国家的教育体系、教育政策等。这种比较性研究有助于促进本国教育的改革与创新。

（四）师生关系的改善

1. 跨文化交流

教师参与国际交流项目时，往往需要与来自不同文化背景的学生进行交流与合作。这有助于打破文化隔阂，促进师生之间的跨文化理解与交流，改善师生关系。

2. 学术导师关系

在国际交流项目中，教师可能会担任国际学生的学术导师。这种师生关系的建立，有助于促进师生之间的深度沟通，提高学术指导的质量，同时也为教师提供了更广泛的学术视野。

3. 个性化关怀

由于国际学生在异国他乡可能面临更多的困难，教师会更加关注他们的生活和学习情况，提供更为个性化的关怀。这有助于增强师生之间的信任与亲近感。

（五）挑战与机遇

1. 挑战

语言障碍：在国际交流项目中，教师可能面临语言障碍，尤其是在与来自非英语国家的学生沟通时。语言问题可能影响教学效果和师生交流。

文化差异：不同国家和地区的学生对教育有不同的期望和习惯，教师需要理解并适应这些文化差异，以确保教学的顺利进行。

时间压力：参与国际交流项目可能需要教师花费更多的时间和精力，特别是在准备和组织国际课程、活动时，这将对教师的工作提出更高要求。

2. 机遇

国际声誉提升：参与国际交流项目的教师有机会在国际舞台上展示自己的学术水平，增强个人的国际声誉，进而有助于学校整体的国际声誉提升。

学校国际化水平：国际交流项目有助于提升学校的国际化水平，吸引更多国际学生和国际合作机构，推动学校在国际教育领域的影响力。

资源共享：通过国际交流项目，学校和教师可以获得来自其他国家和地区的丰富教育资源，包括先进的教学方法、优秀的教材和学术研究成果等。

（六）国际交流项目的成功案例

1. 美国斯坦福大学的全球学习项目

斯坦福大学通过其全球学习项目，为学生提供了在世界各地开展学术研究和实践的机会。该项目不仅为学生提供了国际交流的平台，同时也为教师提供了与国际学生进行深入合作的机会，促进了学术研究和跨文化交流。

2. 英国剑桥大学的国际教师交流计划

剑桥大学通过国际教师交流计划，邀请世界各地的教育专业人士来访，进行教学和研究交流。这种交流计划为英国本土教师提供了与国际同行互动的机会，促进了教育理念和教学方法的创新。

国际交流项目对师资队伍的影响是深远而多维的。通过提升国际化水平、创新教学方法、拓展学科研究、改善师生关系等方面的影响，国际交流项目为教师提供了丰富的发展机会。同时，教师在参与国际交流项目中也面临一些挑战，如语言障碍、文化差异和时间压力等。在未来，学校和教育机构应该进一步加强对师资队伍的支持，提供更多的培训机会和资源，促使更多的教师参与到国际交流项目中来，共同推动全球教育事业的发展。

第六章 师范教育评估体系与质量保障

第一节 教育质量保障体系的建立

一、教育质量保障的概念与目标

教育质量保障是教育领域中一个至关重要的概念，它关乎学校、教育机构和政府部门对提供高质量教育的责任和承诺。本节将深入探讨教育质量保障的概念、目标以及实现这些目标的策略。

（一）教育质量保障的概念

1. 教育质量的定义

教育质量不仅仅是课程和教学的质量，更涉及学校管理、学生支持、师资队伍素质、学生成果评估等多个方面。综合来说，教育质量是一个综合性的概念，反映了整个教育过程中的各个环节的表现。

2. 教育质量保障的含义

教育质量保障是指在教育过程中，通过一系列的机制和手段，确保教育达到一定标准和要求的一种系统性管理和监控体系。这包括确保教学内容的合理性、教学方法的有效性、学校管理的规范性以及学生评价的客观性等方面。

（二）教育质量保障的目标

1. 提高教学质量

一个基本的目标是提高教学质量。这包括确保课程内容的科学性、教学方法的灵活性和师资队伍的专业水平。高质量的教学应该能够激发学生的学习兴趣，培养学生的创新精神和批判性思维。

2. 促进学生全面发展

教育质量保障的目标之一是促进学生的全面发展。这包括在学术方面的成就，也包括学生的性格、领导力、团队协作精神等非学术方面的发展。教育应该将学生培养成为具有综合素养的公民。

3. 确保教育的公平性和包容性

教育质量保障的另一个重要目标是确保教育的公平性和包容性。教育质量保障应该致力于消除社会经济地位、性别、种族等因素对教育机会和成果的影响，确保每个学生都能够获得平等的教育机会。

4. 提高教育体系的透明度和问责性

透明度和问责性是教育质量保障的关键目标。家长、学生、社会应该对学校和教育机构的运作有清晰的了解，同时学校和教育机构应对其质量和绩效负责。透明度和问责性有助于建立一个健康的教育体系。

5. 适应社会和经济的需求

教育质量保障还应该使教育体系更好地适应社会和经济的需求。这包括为学生提供与职业市场需求相符的知识和技能，培养适应未来社会挑战的能力。

（三）实现教育质量保障目标的策略

1. 设定明确的教育标准

制定和实施明确的教育标准是保障教育质量的首要步骤。这些标准应该包括学科知识、教学方法、学生评估、学校管理等多个方面，确保教育的全面性。

2. 建立质量保障机构

建立独立的质量保障机构有助于监督和评估教育机构的绩效。这些机构应该具有独立性、专业性，并能够对学校和教育机构进行评估和监控，确保其达到一定的质量标准。

3. 引入外部评估和认证

引入外部评估和认证是确保教育质量的有效手段。这包括对学校、教师和学生的定期评估，以及对学校颁发的证书和学历的认证机制。

4. 提升师资队伍水平

师资队伍是教育质量的关键因素。为了提高教育质量，必须不断提升师资队伍的水平，包括教育背景、教学技能、教育研究能力等方面。

5. 制定可持续发展的教育政策

可持续发展的教育政策对保障教育质量至关重要。这包括确保教育经费的合理分配、提供师生支持服务、促进学校领导力的发展等。教育政策应该能够持续地适应社会和经济的变化，以确保教育体系的灵活性和适应性。

6.强调终身学习和职业发展

为了适应不断变化的社会和经济需求，教育质量保障应该强调终身学习和职业发展。这包括提供各种形式的继续教育机会、培训机会，帮助个体在职业发展中保持竞争力。

7.引入先进的教育技术和创新方法

教育质量的提升需要不断引入先进的教育技术和创新的教学方法。利用信息技术、在线学习平台、虚拟现实等工具，能够使教育更具有互动性、灵活性和个性化，提高学生的学习体验。

8.加强家校合作和社区参与

家庭和社区的支持对教育质量的保障至关重要。建立有效的家校合作机制，促进教育和社区资源的共享，可以更好地支持学生的学习和发展。

9.培养学生的综合素养

教育质量的提升不仅仅关注学科知识的传授，还应注重培养学生的综合素养。这包括创造力、批判性思维、沟通能力、团队协作等方面的能力，使学生能够更好地适应未来社会的需求。

（四）教育质量保障的挑战

1.不平等问题

不同地区、不同群体之间的教育资源和质量不平等是一个长期存在的问题。确保教育的公平性和包容性，减少不平等，是一个需要持续努力的方向。

2.标准化评估的局限性

过分依赖标准化评估可能会导致教育过程中的"教育应试化"，忽视了学生个体差异和综合素养的培养。如何更全面、多元地评估教育质量，是一个需要思考的问题。

3.教育改革的阻力

教育体制和制度的改革往往面临来自各方面的阻力，包括官僚主义、利益团体的反对等。教育质量保障需要超越这些阻力，推动教育改革向着更为科学、有效的方向发展。

4.教育资源分配的不均衡

一些地区和学校仍然面临教育资源不足的问题，包括师资、教材、设施等。如何更公平地分配教育资源，是一个需要解决的问题。

教育质量保障是构建高质量教育体系的关键环节，关系到每个学生的未来和社会的发展。通过设定明确的教育标准、建立质量保障机构、引入外部评估、提升师资水平、制定可持续发展的教育政策等策略，可以有效实现教育质量保障的目标。然而，面对不平等问题、评估局限性、改革阻力等挑战，需要各方共同努力，形成合力，推动教育质量的不断提升，确保每个学生都能够得到高质量的教育。教育质量保障不仅是学校和教育机构的责任，也是整个社会的责任，需要全社会的共同参与和努力。

二、教育内外部质量保障机制的整合

在当今社会，全球范围内对高质量教育的需求日益增长，为了确保教育的有效性和可持续发展，教育内外部质量保障机制的整合成为关键的议题。内部机制主要关注学校和教育机构内部的管理和质量控制，而外部机制则包括政府监管、独立评估机构等外部实体对教育质量的评估和监控。本节将深入研究如何在内外部质量保障机制之间建立有效的整合，以提升教育的质量和效果。

（一）教育内部质量保障机制

1.学校内部质量管理体系

学校内部质量管理体系是学校自行建立的一套质量管理和监控机制。这包括课程设计、教学方法、师资队伍管理、学生评价等各个环节。学校内部应该建立透明、高效的管理系统，确保教学和管理的科学性和规范性。

2.师资培训和发展

内部质量保障的一部分是确保师资队伍的高水平。通过定期的培训和专业发展计划，学校可以提高教师的专业素养，保证他们能够使用最新的教育方法和技术。

3.学科评估和改进

学科评估是确保教学质量的重要手段。学校可以通过对不同学科的评估来发现弱点，并采取相应的改进措施。这需要建立科学的评估体系，包括学科测试、学科竞赛等。

4.学生参与和反馈

学生是教育体系的关键组成部分，他们的参与和反馈对质量保障至关重要。学校可以通过设立学生代表、开展调查等方式，收集学生的意见和建议，以便及时调整和改进教育服务。

（二）教育外部质量保障机制

1.政府监管

政府在教育领域的监管是确保教育体系正常运行的基础。政府可以通过法规和政策对学校进行管理，确保学校提供的教育服务符合一定的标准和要求。

2. 独立评估机构

独立评估机构是指由第三方机构负责对学校和教育机构进行评估的机构。这些机构通常独立于政府和学校，以客观、专业的标准对教育质量进行评估，为学校提供改进建议。

3. 学科专业认证

学科专业认证是由专业机构对学科设置、课程设置、教学质量等方面进行认证的过程。这有助于确保学校的学科设置和课程设计符合专业标准，提高教学质量。

4. 行业协会认证

某些行业协会会为特定领域的教育机构提供认证。这种认证通常与实际职业需求和行业标准紧密相关，确保学校培养出的学生具备行业所需的技能和知识。

（三）内外部质量保障机制的整合

1. 信息共享和协同合作

内外部质量保障机制的整合需要建立起信息共享和协同合作的机制。学校内部的评估结果可以与外部评估机构共享，以便更全面地了解教育质量，外部评估机构的建议也可以成为学校改进的参考。信息共享和协同合作可以通过建立网络平台、召开座谈会等方式来实现，促使内外部机制更紧密地合作。

2. 交叉评估机制

建立交叉评估机制是整合内外部质量保障的一种方式，即由学校内部人员参与外部评估，同时外部评估机构也可以邀请学校内部的专业人员参与评估。这样可以提高评估的客观性和公正性，同时促进内外部之间的深度交流。

3. 共同制定质量标准

内外部质量保障机制整合的一个关键点是共同制定质量标准。学校内部和外部评估机构应该共同参与质量标准的制定过程，确保标准科学、全面、符合实际需求。共同制定的质量标准有助于减少双重标准的问题，提高整体质量水平。

4. 共同培训和发展计划

内外部质量保障机制整合还可以通过共同的培训和发展计划来实现。学校内部的教师可以参与由外部评估机构组织的专业培训，外部专业人员也可以进入学校进行培训。这可以促进师资队伍的共同提升，有助于整体提高教育质量。

（四）挑战与应对

1. 利益冲突

在整合内外部质量保障机制的过程中，可能会面临利益冲突的问题。学校和教育机构可能担心外部评估机构的介入会损害其声誉，因此需要建立公正、透明的合作机制，确保各方利益的平衡。

2. 信息透明度

内外部机制整合需要充分的信息透明度，但在实际操作中，可能会存在信息保密和不透明的问题。建立合理的信息共享和公示机制，保障信息的真实性和安全性，是一个需要应对的挑战。

3. 评估标准的制定难度

共同制定质量标准可能会面临制定难度，不同机构和学校对质量的理解和重点可能存在差异。需要建立有效的沟通机制、协商一致的质量标准，确保整合后的评估是有针对性和全面的。

内外部质量保障机制的整合是推动教育体系持续发展的关键环节。通过学校内部机制和外部评估机构的紧密合作，可以更全面地了解和提升教育质量。挑战存在，但通过信息共享、交叉评估、共同制定质量标准等方式，可以有效应对这些挑战。整合内外部质量保障机制的成功实施将有助于形成更加完善、科学、可持续的教育质量保障体系，为学生提供更优质的教育服务，推动整个社会的进步。

三、教育质量保障的法规与政策

教育质量保障是教育系统的核心要素之一，对确保学生获取高质量的教育、提升教育水平、促进社会进步至关重要。在各国，政府通过制定法规与政策来规范、管理和保障教育质量。本节将深入研究教育质量保障的法规与政策，探讨其目标、内容、实施与挑战。

（一）法规与政策的定义

1. 法规

法规是由国家或地方政府颁布的，具有普遍约束力的规范性文件。在教育领域，教育法、教育法规是对整个教育系统进行规范的文件。

2. 政策

政策是指国家或地方政府在特定时期内为解决某个问题或达到某个目标而采取的行动方针。在教育领域，政府通过发布各种教育政策来引导、推动和规范教育工作。

（二）教育质量保障法规与政策的目标

1. 保障基本教育权利

教育质量保障法规与政策的首要目标是保障每个公民的基本教育权利。这包括确保所有儿童都能够接受义务教育，防止因经济、地理、社会等原因导致教育资源的不平等分配。

2. 提升教育质量

教育质量保障法规与政策的另一个核心目标是提升教育质量。通过设定统一的教育标准、制定课程、教材标准，以及提升师资水平等方式，确保学生接受的教育具备一定的质量水平。

3. 促进教育创新

为了适应社会和经济的发展，教育质量保障法规与政策还致力于促进教育创新。这包括引入新的教学方法、技术手段，推动跨学科、跨领域的教学，以培养学生更全面、创新的素养。

4. 加强师资队伍建设

教育质量的提升离不开师资队伍的建设。法规与政策通过设定师资培训标准、提高教师待遇、改善教育工作环境等途径，着力提升师资队伍的整体素质。

5. 推动多元化教育

法规与政策还致力于推动多元化的教育。这包括对不同学科、兴趣和能力的学生提供不同形式的教育，满足个体发展的多样性需求。

（三）典型教育质量保障法规与政策

1. 中国《义务教育法》

中国的《义务教育法》是确保学生接受基本教育权利的法规。它规定了义务教育的主体、内容、实施机构，明确了政府对基础教育的投入和支持，以及家庭和社会的责任。

2. 美国《不让一个孩子掉队法案》(No Child Left Behind Act)

该法案于 2001 年颁布，旨在通过对学生进行标准化测试，确保所有学生都能够在阅读和数学等核心学科方面取得进步。该法案要求学校对测试成绩不佳的学生提供额外支持，以防止学生因社会经济差异而失去平等的受教育机会。

3. 欧洲《博洛尼的进程》

博洛尼的进程是欧洲大学之间的一项协调和合作的计划，旨在实现欧洲高等教育领域的一体化。这一进程通过建立统一的学分体系、提高课程质量标准等方式，推动欧洲高等教育的整体提升。

4. 日本《学校基本法》

日本的《学校基本法》强调了教育的目标是培养"充满个性、有创造性、有思考能力和实践能力的个体"。该法规明确规定了学校的责任，要求学校培养学生的基本素质。

（四）法规与政策的实施

1. 建立监管体系

法规与政策的实施需要建立相应的监管体系。政府或相关机构应设立教育监察机构，对学校和教育机构的实施情况进行监管，确保法规与政策的贯彻执行。

2. 制定具体操作细则

为了确保法规与政策的实施顺利，需要制定具体的操作细则。这包括明确教育标准、课程设置、教材选用、师资培训等方面的具体要求，以便学校和教育机构能够按照标准进行运作。

3. 加强数据收集与评估

实施法规与政策需要有科学的数据支持。建立健全的数据收集和评估机制，对学生学业水平、师资队伍质量、学校管理状况等进行监测和评估，以便及时发现问题并进行调整。

4. 提供资源支持

政府需要为法规与政策的实施提供足够的资源支持。这包括财政支持、人力资源、培训资源等，确保学校和教育机构有能力履行法规与政策所规定的职责和任务。

（五）法规与政策的挑战与应对

1. 本地实施差异

在一些情况下，法规与政策在本地实施时可能会因为地域差异而产生差异化的问题。这可能导致一些地区的教育质量得不到有效保障。为解决这一问题，需要加强对地方的指导和监督，确保法规与政策的统一贯彻。

2. 资源分配不均

一些地区可能面临教育资源不足的问题，这使得法规与政策的执行受到限制。政府需要更公平地分配资源，确保每个地区都能够享有足够的教育资源。

3. 法规与政策的时效性

教育领域发展较快，法规与政策的时效性成为一个挑战。政府需要定期评估现有法规与政策的适用性，及时进行修订和更新，以适应不断变化的教育需求。

4. 利益冲突

在法规与政策的实施过程中，可能会涉及各方的利益冲突。学校、教育机构、师生家长等各方可能对一些规定存在异议。政府需要通过公开透明的决策过程，平衡各方利益，确保法规与政策的实施能够取得广泛的支持。

教育质量保障的法规与政策是推动教育发展的基石。通过明确教育目标、提出具体要求，法规与政策为教育提供了明确的方向和标准。然而，实施过程中也面临一系列挑战，需要政府、学校、教育机构等各方通力合作，共同推动教育质量的提升。只有在法规与政策的有效实施下，才能够真正实现教育的公平、优质、可持续发展。

第二节　教学质量评估的方法与工具

一、教学质量评估方法的多元化

教学质量评估是确保教育体系有效运作的关键环节。随着教育理念的不断演进和技术的进步，传统的评估方法逐渐显露出一些局限性，因此需要更多元、全面的评估方法来全面了解教学质量。本节将深入研究教学质量评估方法的多元化，探讨不同方法的特点、应用领域以及其对提升教育质量的作用。

（一）传统教学质量评估方法的局限性

1.学科考试成绩

学科考试成绩是传统教学质量评估的主要依据之一。然而，仅仅以考试成绩作为评估标准存在一些问题，如可能忽视了学生的实际能力和创造力，以及只注重知识的记忆而不是理解和应用。

2.学生评教

学生评教是另一种常见的评估方法，但仅依赖学生的主观评价也存在一定的问题。学生的评价受到多种因素影响，如个体主观感受、学科兴趣等，而且可能无法全面反映教学效果。

3.教师自我评估

教师自我评估是教学评价的一种形式，但其客观性和客观性可能受到教师主观意识和自我认知的影响，难以提供客观的反馈。

（二）多元化教学质量评估方法

1.学科知识测试

学科知识测试仍然是一种有用的评估工具，但需要更多地关注测试的设计，以便更全面、深入地了解学生的学科知识水平。除了传统的笔试，还可以采用开放性问题、实际案例分析等形式。

2. 课堂观察

课堂观察是直接观察教学活动的评估方法，可以通过记录教学过程中的师生互动、教学方法的多样性等来了解教学质量。这需要专业的观察者，能够提供更直观、具体的反馈。

3. 作品展示和项目评估

学生的作品展示和项目评估可以更好地反映其实际能力和创造性。通过要求学生完成实际项目、展示设计作品等，可以更全面地评估他们的综合素养和应用能力。

4. 学生参与度和互动

学生的参与度和互动也是评估教学质量的重要指标。通过观察学生在课堂上的提问、回答问题、小组讨论等行为，可以了解到教学是否激发了学生的学习兴趣和积极性。

5. 教学反思和教学日志

教师的教学反思和教学日志可以提供对教学过程的深入理解。通过教师的自我反思，可以发现教学中存在的问题，并及时调整教学策略，以提高教学质量。

6. 学生评价和同行评价

除了传统的学生评教，还可以引入同行评价机制。其他教师或专业人士可以对教学进行评价，提供不同层面的反馈和建议。这种评价方式更具客观性，有助于发现教学中的盲点。

7. 技术辅助评估

利用现代技术手段进行教学质量评估是一个新兴的方向。通过在线学习平台的数据分析、虚拟教学实验、智能教学辅助工具等，可以更精准地了解学生学习情况，提高教学的个性化水平。

（三）多元化评估方法的优势

1. 更全面地评估

多元化的评估方法可以更全面地了解学生的学科知识水平、实际能力、创造性和综合素养。这有助于形成更为准确的教学质量评估。

2. 更客观地反馈

引入同行评价等方法可以提供更客观、专业的反馈，有助于发现教学中的问题和不足。这种多元化的评估方式减少了单一主体评价的主观性。

3. 更灵活地教学调整

通过多元化的评估方法，教师可以更及时地了解学生的学习状况和反馈，有助于更灵活地调整教学策略，满足不同学生的需求。

4. 促进教育创新

多元化的评估方法鼓励教育创新。教师和学生可以尝试新的教学方式和评估方法,推动教育的不断进步和发展。通过技术辅助评估等新兴手段,教育可以更好地融合科技与教学,提供更具创新性的学习体验。

(四)多元化评估方法的应用领域

1. 高等教育

在高等教育领域,多元化的评估方法得到了广泛应用。除了传统的考试成绩外,学生的毕业设计、实习报告、学术研究成果等也成为评估的重要依据。同样,教师的课堂教学观察、学生参与度、同行评价等也在高等教育中得到应用。

2. 培训与职业教育

在培训与职业教育中,多元化的评估方法同样发挥了关键作用。学生的实际技能表现、职业实践、项目完成情况等成为评估的重要参考。技术辅助评估和虚拟实验平台的使用,也为培训与职业教育提供了更先进的评估手段。

3. 基础教育

在基础教育中,多元化评估方法可以更好地适应不同年龄层次学生的特点。学生的综合素养、创造力、社会交往能力等也应成为评估的重要考量。通过引入项目学习、小组合作等方式,培养学生的综合素养。

4. 在线教育

随着在线教育的发展,技术辅助评估成为在线学习的一个重要组成部分。通过学习平台的数据分析、在线测验、学习行为跟踪等手段,可以更精确地评估学生的学习情况,为个性化教学提供支持。

(五)多元化评估方法的挑战与应对

1. 评估标准的建立

多元化评估方法需要建立相应的评估标准,确保评估的科学性和公正性。这需要教育机构、专业团体等共同参与,制定明确的评估指标和标准。

2. 评估工具的开发

不同领域需要不同的评估工具,因此需要投入大量资源开发各种形式的评估工具。同时,这些工具需要不断更新和改进,以适应教育的发展和变化。

3. 数据隐私和安全

在技术辅助评估中,涉及大量学生的数据。确保学生数据的隐私和安全,防止泄露和滥用,是一个重要的挑战,需要建立完善的数据管理和安全机制。

4.教师和学生的接受度

引入新的评估方法可能会面临教师和学生接受度的问题。教师和学生可能需要时间来适应新的评估方式，因此需要进行相关的培训和宣传，提高其接受度。

多元化的教学质量评估方法有助于更全面、客观地了解教学过程和效果。在面对传统评估方法的局限性时，引入更多元的评估手段是推动教育质量提升的必然趋势。不同领域的教育都可以根据自身特点选择适合的评估方法，以促进学生全面发展、提升教育水平。然而，要实现多元化评估的有效应用，需要应对相关的挑战，确保评估的科学性、公正性和安全性。只有在综合运用各种评估手段的基础上，教育体系才能更好地适应社会发展的需要，为学生提供更具有针对性和个性化的学习体验。

二、教学质量评估的标准与指标

教学质量评估是教育体系中的重要环节，通过评估教学的各个方面，可以全面了解教育的有效性和学生的学习成果。为了进行科学、客观的评估，需要建立明确的评估标准与指标。本节将深入研究教学质量评估的标准与指标，探讨其制定原则、应用领域以及对提升教育质量的意义。

（一）教学质量评估标准的制定原则

1.反映教学目标

评估标准应该紧密关联教学目标。教学的目标多样，可能包括学科知识的传授、学生综合素养的培养、创造力的发展等。评估标准需要具体反映这些目标，以确保评估的针对性和有效性。

2.全面考虑多维度

教学是一个多层次、多元化的过程，评估标准应该全面考虑多个维度。除了学生的学科知识水平，还应考虑到他们的实际能力、创造性、沟通能力等多方面因素。

3.可量化和可操作性

评估标准需要具有一定的可量化性和可操作性。这有助于使评估过程更为科学和客观。可量化的指标有助于教育者更好地监测和比较教学效果。

4.参与利益相关者

制定评估标准时，应该考虑到各方的利益，包括教师、学生、家长、社会等。这有助于形成更为全面、公正的评估标准，避免单一视角的片面性。

5.适应性和灵活性

评估标准需要具有一定的适应性和灵活性。教学环境和教学目标可能会因时而变，评估标准应能够根据实际情况进行调整，以确保其有效性。

（二）教学质量评估的主要指标

1.学生学业成绩

学生学业成绩是评估教学质量的重要指标之一。这包括考试成绩、课堂表现、作业质量等。学生的学业成绩直接反映了教学的效果和学生对知识的掌握程度。

2.学生参与度和互动

学生在课堂上的参与度和互动也是评估的重要指标。这包括提问问题、回答问题、小组合作等行为。学生积极参与和互动的程度可以反映教学的吸引力和互动性。

3.教学过程和方法

评估教学质量还需要考虑教学过程和方法。这包括教学设计、教材选择、教学手段等。评估教学过程和方法的有效性有助于提高教学的针对性和吸引力。

4.学生综合素养

学生的综合素养是一个综合性的指标，包括学科知识、实际应用能力、创造性、沟通能力等。评估学生的综合素养有助于更全面地了解他们的发展状况。

三、新兴技术在评估中的应用

教学质量评估是教育体系中的重要环节，通过评估教学的各个方面，可以全面了解教育的有效性和学生的学习成果。为了进行科学、客观的评估，需要建立明确的评估标准与指标。本节将深入研究教学质量评估的标准与指标，探讨其制定原则、应用领域以及对提升教育质量的意义。

（一）教学质量评估标准的制定原则

1.反映教学目标

评估标准应该紧密关联教学目标。教学的目标多样，包括学科知识的传授、学生综合素养的培养、创造力的发展等。评估标准需要具体反映这些目标，以确保评估的针对性和有效性。

2.全面考虑多维度

教学是一个多层次、多元化的过程，评估标准应该全面考虑多个维度。除了学生的学科知识水平，还应考虑到他们的实际能力、创造性、沟通能力等多方面因素。

3.可量化和可操作性

评估标准需要具有一定的可量化性和可操作性。这有助于使评估过程更为科学和客观。可量化的指标有助于教育者更好地监测和比较教学效果。

4. 参与利益相关者

制定评估标准时，应该考虑到各方的利益，包括教师、学生、家长、社会等。这有助于形成更为全面、公正的评估标准，避免单一视角的片面性。

5. 适应性和灵活性

评估标准需要具有一定的适应性和灵活性。教学环境和教学目标可能会因时而变，评估标准应能够根据实际情况进行调整，以保持其有效性。

（二）教学质量评估的主要指标

1. 学生学业成绩

学生学业成绩是评估教学质量的重要指标之一。这包括考试成绩、课堂表现、作业质量等。学生的学业成绩直接反映了教学的效果和学生对知识的掌握程度。

2. 学生参与度和互动

学生在课堂上的参与度和互动也是评估的重要指标。这包括提问问题、回答问题、小组合作等行为。学生积极参与和互动的程度可以反映教学的吸引力和互动性。

3. 教学过程和方法

评估教学质量还需要考虑教学过程和方法。这包括教学设计、教材选择、教学手段等。评估教学过程和方法的有效性有助于提高教学的针对性和吸引力。

4. 学生综合素养

学生的综合素养是一个综合性的指标，包括学科知识、实际应用能力、创造性、沟通能力等。评估学生的综合素养有助于更全面地了解他们的发展状况。

5. 教师表现

评估教学质量也需要考虑教师的表现。教师的专业水平、教学方法、与学生的互动等方面的表现直接影响到教学质量。因此，教学评估的指标应该包括对教师综合素质的考查。

6. 学生评价和同行评价

学生评价和同行评价提供了两个重要的视角。学生是直接受益者，能够反映教学对他们的影响。而同行评价则来自教育领域的专业人士，具有较为专业的观察和评估能力。这两个方面的评价可以为全面了解教学质量提供重要参考。

7. 教学资源利用

评估教学质量还需要关注教学资源的利用情况。这包括教学设备的运用、教室环境的管理、教材的选择等。有效的资源利用有助于提高教学效果，创造更好的学习环境。

8.技术辅助评估

随着科技的发展，技术辅助评估成为一个重要的方向。通过学习平台的数据分析、在线测验、虚拟实验等，可以更精准地评估学生的学习情况。同时，教师的技术运用水平也可以成为评估的一部分。

（三）应用领域

1.高等教育

在高等教育领域，教学质量评估的指标涵盖了课程设置、教学内容、学科知识的传授、科研活动等多个方面。学生的学术成果、论文发表情况、参与科研项目等也是评估的重要指标。

2.培训与职业教育

在培训与职业教育中，教学质量评估需要考虑学生的实际技能水平、职业素养以及与实际工作相关的能力。实际项目的完成情况、实习报告、职业技能考核等成为评估的重要依据。

3.基础教育

在基础教育中，教学质量评估的重点是学科知识的传授、学生综合素养的培养、学科兴趣的激发等。学生的学科竞赛成绩、综合能力测评、学科兴趣培养等也是评估的关键指标。

4.在线教育

在在线教育中，技术辅助评估的指标显得尤为重要。学生的在线学习行为、在线作业完成情况、学习平台数据分析等成为评估的主要依据。同时，教师的在线教学水平和技术运用能力也成为评估的一部分。

（四）教学质量评估的意义

1.持续改进

通过教学质量评估，可以发现教学中存在的问题和不足，为教育机构和教师提供改进的方向。持续改进的过程有助于提高教学质量，满足学生的需求。

2.促进师资培训

教学质量评估也可以作为师资培训的基础。通过对教师的评估，可以发现其教学中可能存在的问题，并提供有针对性的培训和支持，以提高教师的教学水平。

3.保障学生权益

学生是教育的主体，他们的学习体验和学业成绩直接关系到教学质量。通过教学质量评估，可以及时了解学生的需求和反馈，保障其权益，提供更好的学习环境。

4. 适应社会需求

教学质量评估有助于教育机构更好地适应社会的需求。社会对人才的需求是不断变化的，通过评估可以了解学生的综合素养是否符合社会的需求，从而调整教学目标和方法。

5. 提高教育整体水平

通过教学质量评估，可以推动教育整体水平的提升。高质量的教学能够培养出更具创造力、实际能力和综合素养的人才，从而为社会做出更大的贡献。

（五）面临的挑战与解决方案

1. 主观性和客观性的平衡

评估过程中，主观性和客观性的平衡是一个难题。为解决这一问题，可以引入多元化的评估方法，既包括客观的数据分析，也融入学生、同行的主观评价。

2. 多层次指标的协调

教学质量评估涉及众多指标，如何协调这些指标，使其形成一个系统、有机的整体，是一个需要解决的问题。可以通过建立权重体系，根据实际情况给予不同指标不同的权重，以保持整体平衡。

3. 数据隐私与安全

随着技术辅助评估的发展，学生和教师的数据涉及隐私和安全问题。建立完善的数据管理和安全机制，采用匿名化处理、加密等手段，保障数据的安全性和隐私性。

4. 应用领域的差异

不同教育领域有其独特性，评估标准和指标需要因地制宜。可以建立灵活的评估框架，允许在不同领域中根据实际情况进行调整和适用。

5. 教学质量评估文化的建设

建设教学质量评估的文化，培养教育者、学生、家长的评估意识和习惯，促使他们主动参与评估，形成共同推动教学质量提升的良好氛围。

教学质量评估是推动教育不断提升的有效手段，其标准与指标的制定直接关系到评估的科学性和公正性。建立明确、全面、可操作的评估标准是教育体系不断发展的基础。同时，评估指标的灵活运用和不断调整也是适应教育变革的需要。

各个教育阶段和领域的评估标准和指标有所不同，但都应体现反映教学目标、全面考虑多维度、可量化和可操作、参与利益相关者、适应性和灵活性等原则。学生的学业成绩、参与度和互动、教学过程和方法、学生综合素养、教师表现、学生评价和同行评价、教学资源利用、技术辅助评估等都是需要关注的重要指标。

教学质量评估的意义在于持续改进、促进师资培训、保障学生权益、适应社会需求、提高教育整体水平。同时，面临的挑战也需要通过协调主观与客观、协调多层次指标、保障数据隐私与安全、适应应用领域的差异、建设评估文化等方面的努力来解决。只有在科学、公正、全面的评估体系下，教育体系才能更好地满足社会需求，培养更全面、具有创造力的人才。

第三节　师范院校的内部质量保障机制

一、师范院校内部质量监控的组织与管理

师范院校作为培养教师的重要机构，其内部质量监控对保障教育质量、提高培养效果至关重要。内部质量监控旨在通过系统的组织与管理，对教学、科研、管理等方面进行全面、科学、动态的监测和评估，为提升师范教育水平提供有效支持。本节将探讨师范院校内部质量监控的组织与管理，包括监控体系建设、数据收集与分析、持续改进机制等方面的内容。

（一）内部质量监控体系建设

1. 制定明确的内部监控目标

师范院校内部质量监控体系的建设首先需要明确监控的目标。这包括教学质量、科研水平、学生发展、师资队伍建设等多个方面。通过设定明确的目标，可以有针对性地开展监控工作。

2. 设计合理的监控指标体系

监控指标体系是内部质量监控的核心，应该综合考虑学科特点、教学目标和社会需求。这包括学生评价、教师评价、教学资源利用、科研成果等多个方面的指标，确保全面覆盖教育全过程。

3. 确定监控周期和频次

监控的周期和频次需要合理安排，以确保监控的连续性和及时性。对不同的指标，可以采用不同的监控频次，对重要的环节可以进行更为频繁的监控。

4. 建立监控机构和团队

建立专门的监控机构或团队，负责内部质量监控的具体实施工作。这个团队可以由专业人员、学科专家、教务管理人员等组成，确保监控工作的专业性和公正性。

（二）数据收集与分析

1. 建设信息化平台

建设信息化平台是内部质量监控的关键一环。通过建立学生信息管理系统、教学资源管理系统、科研成果数据库等平台，实现对各类数据的集中管理和快速检索。

2. 制定数据收集标准和流程

明确数据收集的标准和流程，确保数据的准确性和可比性。可以通过规范的问卷调查、学生档案分析、教学资源利用情况统计等手段，收集全面的数据。

3. 数据分析工具的应用

利用先进的数据分析工具，对收集到的大量数据进行分析。通过数据挖掘、统计分析等手段，发现数据背后的规律和问题，为制定改进措施提供依据。

4. 学生参与度的提升

提升学生的参与度是数据收集的关键。可以通过开展学生满意度调查、课程评估、参与实践活动等方式，激发学生的积极性，使数据更具说服力和代表性。

（三）持续改进机制

1. 制订改进计划

通过对监控数据的分析，制订相应的改进计划。这些计划涉及教学方法的调整、课程设置的优化、教师培训的加强等方面，旨在提升教育质量。

2. 建立质量管理体系

建立质量管理体系，将内部质量监控纳入整体质量管理的体系中。确保质量管理的系统性和全面性，使其成为师范院校的长效机制。

3. 进行定期评估和反馈

定期对内部质量监控的工作进行评估，包括监控体系的有效性、数据收集的准确性、改进计划的实施效果等方面。并及时反馈评估结果，为后续的监控工作提供经验和指导。

4. 加强师资队伍培训

为参与内部质量监控的师资队伍提供培训，使其具备专业的监控知识和技能。培养监控团队的专业素养，提高其监控工作的水平和效果。

（四）困难与对策

1. 数据收集的困难

数据收集可能面临学生参与度不高、教学资源不集中等问题。对策是通过提高学生参与的积极性，规范数据收集流程，加强信息化平台的建设。

2.数据分析的难度

大量的数据需要专业的分析工具和人员。可以通过引入数据科学专业人才、开展培训等方式，提升监控团队的数据分析水平。

3.改进计划的实施困难

改进计划的实施可能会受到资源限制、师资队伍反感等因素的制约。应当制订合理的改进计划，充分考虑资源分配的可行性，并通过与师资队伍的充分沟通，确保改进计划的顺利实施。

4.持续改进机制的建设难度

建立持续改进的机制需要学校领导的支持、监控团队的积极参与以及师资队伍的认同。可以通过建立激励机制、定期组织经验交流等方式，促使整个机制的顺畅运行。

（五）成功案例与启示

1.成功案例：A大学师范院校内部质量监控体系

A大学师范院校通过建设完善的内部质量监控体系，包括明确的监控目标、科学的指标体系、信息化平台等方面，取得了显著成效。学校通过持续的数据收集和分析，发现了一些教学和管理方面的问题，并通过制订改进计划，成功提升了师资队伍的培训水平和学生的综合素养。

2.启示

明确目标和指标体系：该案例的成功经验表明，明确的监控目标和科学的指标体系是内部质量监控的关键。学校应当根据自身情况明确监控的重点和方向，并设计合理的指标体系。

信息化平台的建设：信息化平台的建设对数据的收集、管理和分析至关重要。学校可以借鉴成功案例中的经验，建立先进的信息化平台，提高内部质量监控的效率和准确性。

定期评估与反馈：案例中的成功经验表明，定期评估和及时反馈是建立持续改进机制的重要环节。学校应当建立评估机制，通过反馈评估结果，及时调整和改进监控体系和工作计划。

专业团队和师资培训：成功案例中建立的专业团队和对师资队伍的培训是确保内部质量监控有效开展的保障。学校应当加强对监控团队的培训，提升其专业水平。

师范院校内部质量监控的组织与管理是保障教育质量的重要保障。通过建设科学、全面、信息化的监控体系，进行数据收集与分析，建立持续改进机制，可以有效地发现问题、提出改进建议，并确保改进计划的顺利实施。

在实施过程中，学校需要面对数据收集的难题、改进计划实施的挑战等方面的问题。通过明确目标、建设信息化平台、持续改进机制等手段，可以更好地应对这些问题。

最终，师范院校应当根据自身的特点和需求，制订切实可行的内部质量监控方案，借鉴成功案例的经验，不断完善监控体系，提高教育质量水平。

二、师范院校的教学资源与设施保障

师范院校作为培养教育人才的重要机构，拥有优质的教学资源与设施是保障教学质量、培养高水平教师的基础。本节将围绕师范院校的教学资源与设施保障展开，包括教学资源的类型、设施建设与管理、保障机制等方面的内容，以期深入探讨如何提升师范院校的教学质量。

（一）教学资源的类型

1.图书馆与数字资源

师范院校的图书馆是学生学习和教师科研的核心场所。优质的图书馆需要拥有丰富的纸质书籍和数字资源，包括教材、参考书、期刊、电子书等，以满足师生不同层次、不同专业的学术需求。

2.实验室与实践基地

针对师范专业的特点，实验室和实践基地是必不可少的教学资源。例如，教育技术实验室、心理学实验室、语文实践基地等，这些资源为学生提供实际操作和实践机会，提高他们的实际教学能力。

3.信息技术支持

现代教学离不开信息技术的支持，师范院校需要配备先进的教学设备，包括电子白板、多媒体教室、计算机实验室等。这些设备不仅提高了教学效果，也使教学更具互动性和创新性。

4.学术期刊与研究机构

为促进教师的学术研究，师范院校需要提供学术期刊、研究机构等支持。鼓励教师参与学术研究，提高学校在学术领域的声望。

5.教学团队与师资力量

教学资源不仅包括硬件设备，还包括人才力量。建设优秀的教学团队，拥有高水平的师资力量，是师范院校教学资源的重要组成部分。

（二）设施建设与管理

1. 教室与教学楼

充足而舒适的教室是保障教学正常进行的基础。教室应具备良好的采光、通风条件，配备先进的多媒体设备，以适应现代化教学的需求。教学楼的建设和管理需要考虑教室分布、楼层布局等方面。

2. 宿舍与生活设施

为了保障学生的学习和生活，师范院校需要提供安全、整洁、舒适的宿舍。生活设施包括食堂、洗浴、体育场馆等，以满足学生的基本需求。

3. 运动场馆与体育设施

体育锻炼对学生成长至关重要，师范院校需要建设符合学生体育需求的运动场馆和体育设施。这不仅有助于学生身心健康，还为相关专业的学生提供了实践机会。

4. 实习基地与校外资源

师范生需要在实际的教育场景中进行实习，因此，建设与校外合作的实习基地是教学资源的一部分。与中小学、幼儿园等实践基地的合作可以提高学生的实际操作能力。

（三）保障机制

1. 经费保障

教学资源和设施的建设需要大量的经费支持。学校应当确保拨付足够的经费用于设施建设、设备更新和软件购置等方面。

2. 设施维护与更新

建设设施后，保障机制还包括设施的维护与更新。定期检查设施的使用情况，及时修缮和更新老化设备，确保教学设施的正常运行。

3. 安全管理

安全是教学活动的基本前提，学校应建立完善的安全管理机制，包括防火、防电、防护等各个方面的安全措施，确保师生在校园内的安全。

4. 设施利用与管理规范

规范的管理对设施的合理利用至关重要。建立设施利用的管理规范，确保设施按照预定的目标和需求进行合理利用，避免浪费和资源闲置。

5. 师资培训与发展

设施保障机制还应包括师资的培训与发展。教师需要了解和熟练运用新的教学设备和技术，因此，学校应当为教师提供相关培训，以提高其教学水平。

（四）成功案例与启示

1. 成功案例：B 师范大学的教学资源保障

B 师范大学通过引进数字化图书馆，购置了先进的多媒体设备，建设了一流的实验室和实践基地。学校设施完备，教学资源丰富，得到了师生的一致好评。此外，学校还与当地中小学建立了深度合作，为学生提供了丰富的实践机会。

2. 启示

合理利用外部资源：学校可以通过与外部机构的合作，充分利用外部资源。与中小学、企业、研究机构等建立合作关系，为学生提供更多实践机会。

数字化建设：引入数字化图书馆和信息技术设备是提升教学资源的有效途径。数字资源的引入不仅可以扩充图书馆的藏书量，还能方便师生获取信息。

师资培训：为教师提供定期培训，使其熟悉新的教学设备和技术，提高其信息化教学水平。教师专业素养的提升有助于更好地利用教学资源。

（五）面临的挑战与对策

1. 资金紧张

面临资金紧张的问题，学校可以通过制订明确的经费使用计划，优先满足最紧急最需要的设施建设和更新需求。此外，还可以积极争取政府、企业等外部支持。

2. 管理规范不足

管理规范不足可能导致设施的不合理利用和损耗。学校可以建立设施利用的管理规范，对设施的使用和维护进行详细的说明，明确责任人和流程。

3. 师资培训难度

教师的培训需要一定的时间和人力成本，有时难以满足需求。学校可以通过灵活的培训方式，如在线培训、短期集中培训等，提高培训效率。

师范院校的教学资源与设施保障是教学质量保障的重要环节。通过建设先进的图书馆、实验室、数字化设施等教学资源，以及合理规范的教室、宿舍、体育场馆等设施，学校可以为师生提供良好的学习和生活环境。

保障机制不仅包括硬件建设，还包括经费、安全、管理规范等多个方面。成功案例表明，通过与外部资源合作、数字化建设、师资培训等手段，可以有效提升教学资源与设施的质量。

面临挑战时，学校应采取切实可行的对策，如优化经费使用计划、建立管理规范、灵活利用培训方式等，以应对资金紧张、管理不足、师资培训难度等问题。通过不断完善设施建设和管理，师范院校可以为培养更多优秀的教育人才做出更大的贡献。

三、学生参与质量保障的机制与作用

学生是高等教育体系中的重要参与者，其参与质量保障不仅是一种教育理念的体现，也是提高教育质量的有效途径。本节将深入探讨学生参与质量保障的机制和作用，旨在为建设更加开放、民主、有效的高等教育质量保障体系提供参考。

（一）学生参与质量保障的机制

1. 学生评教制度

学生评教是学生参与质量保障的一种基本机制。通过匿名或实名形式，学生对教学内容、教学方法、教师态度等方面进行评价，为学校和教师提供改进的建议。学校可以借助专业的调查工具和平台，定期进行学生评教。

2. 学生代表参与评估委员会

学生代表作为评估委员会的成员之一，直接参与学校或专业的质量评估。这种机制可以确保学生的声音被充分听取，同时也提高了评估的公正性和客观性。

3. 学生参与课程设计和改革

学生可以参与课程设计和改革的讨论与制定。学校可以设立专门的学生委员会或小组，由学生代表与教师共同参与课程设计、制定课程大纲等工作，以确保课程更贴近学生需求，更具有实际应用性。

4. 学生参与学术研究

鼓励学生参与学术研究是提高教育质量的一种途径。学生可以加入研究小组，参与教师的科研项目，提高他们的创新能力和实践经验。学校可以设立专门的奖励机制，鼓励学生积极参与科研活动。

（二）学生参与质量保障的作用

1. 提升教学质量

学生是教学的直接受益者，其参与质量保障能够直观反映教学的实际效果。通过学生的评价和建议，学校和教师可以及时了解教学中存在的问题，采取措施进行改进，从而提升教学质量。

2. 促进教学改革

学生参与质量保障可以推动教学改革。他们能够提供新的、创造性的建议，促使学校和教师在教学方法、课程设置等方面进行创新和改革，使教学更加符合时代需求和学生期望。

3. 培养学生的参与意识和责任感

学生参与质量保障过程，有助于培养其对教育事务的参与意识和责任感。通过参与决策、评价和改革，学生能够更好地理解和关注教育质量的重要性，培养他们积极参与社会事务的能力。

4. 增进学校与学生的互信关系

学生参与质量保障是学校与学生之间建立互信关系的有效方式。学校展示对学生意见的重视，采取实际行动改进教学，有助于建立和谐的校园氛围，提高学校的声誉。

（三）学生参与质量保障的挑战与对策

1. 学生参与积极性不高

部分学生可能对参与质量保障缺乏积极性，觉得自己的建议难以被采纳。学校可以通过宣传教育，强调学生参与的重要性，设置奖励机制，激发学生的积极性。

2. 学生参与可能带来主观性和个体差异

学生参与质量保障可能受到主观性和个体差异的影响，不同学生对同一课程或教师的评价可能存在差异。学校应建立科学的评价体系，综合考虑多方面的因素，以确保评价结果的客观性和准确性。

3. 学生参与需要专业知识和技能支持

学生在评价和参与决策时可能需要一定的专业知识和技能支持。学校可以制订培训计划，向学生提供相关培训，提高其参与质量保障的专业水平。

（四）成功案例与启示

1. 成功案例：C大学学生评教机制

C大学建立了完善的学生评教机制，每学期末开展匿名学生评教活动。学校设有专门的评教委员会，由学生代表和教师组成，负责收集、整理评教结果，并向相关教师提供反馈。评教结果成为教学考核的重要依据之一。

2. 启示

建立灵活的激励机制：学校可以建立多样化的激励机制，如设立评教奖学金、学术荣誉等，激发学生参与的积极性。

开展宣传教育：学校应通过各类媒体和渠道，对学生进行质量保障意识的宣传和教育，让学生了解他们的参与对提高教育质量的重要性。

建立专业的评价体系：学校应该建立科学、全面的评价体系，考虑多方面因素，避免单一主观因素对教学的影响。

提供培训支持：为提高学生参与质量保障的专业水平，学校可以设置相关培训课程，向学生提供必要的知识和技能支持。

（五）未来发展方向与建议

1. 制定更加细致的评价标准

学生参与质量保障需要明确的评价标准。学校可以通过广泛调研，与学生充分沟通，制定更加细致、客观、全面的评价标准，以确保评价结果的准确性。

2. 引入新技术手段

随着科技的发展，学校可以考虑引入新技术手段，如人工智能、大数据分析等，对学生的参与质量保障过程进行更加精准和高效的管理，提高评价的科学性。

3. 加强与学生的沟通与合作

学校应当建立定期的沟通渠道，与学生保持密切的合作关系。通过定期座谈会、学生代表会议等形式，及时了解学生的需求和意见，促进学校与学生之间的良好互动。

4. 拓展学生参与领域

除了教学质量，学生还可以参与更广泛的校园事务，如学校管理、学术研究规划、文化活动策划等。通过拓展学生参与的领域，提高他们对整个学校事务的责任感和参与度。

学生作为高等教育的直接受益者，其参与质量保障不仅是一种权利，更是一种责任。通过建立学生评教制度、让学生参与评估委员会、课程设计和改革等机制，学生可以更直接地参与到教育质量的提升过程中。学生的参与不仅有助于提高教学质量，还能培养学生的参与意识和责任感。

然而，学生参与质量保障也面临一些挑战，包括学生积极性不高、主观性和个体差异等问题。通过建立激励机制、开展宣传教育、提供培训支持等手段，可以逐步克服这些挑战。

未来，学校可以继续改进评价标准、引入新技术手段，加强与学生的沟通与合作，拓展学生参与的领域，以建设更加开放、民主、有效的高等教育质量保障体系，为培养更多优秀人才提供更有力的支持。

第四节　师范教育外部评估与认证

一、师范教育主管部门的评估与监管

师范教育是培养优秀教育人才的关键环节，对国家的教育事业和人才培养有着重要的影响。为确保师范教育质量，各国都设立了师范教育主管部门，负责对师范院校进行评估和监管。本节将深入探讨师范教育主管部门的评估与监管机制，分析其作用、挑战与未来发展方向。

（一）师范教育主管部门的角色

1. 法律法规的制定与执行

师范教育主管部门负责制定和执行有关师范教育的法律法规，明确师范院校的办学方向、管理规范、教学质量标准等。通过法律法规的制定，主管部门对整个师范教育系统进行规范和引导。

2. 课程设置与教学计划的审批

主管部门对师范教育的课程设置和教学计划进行审批和监管。通过对课程设置的审查，主管部门确保师范课程体系的科学性和完备性，以满足教师培养的需要。

3. 教师队伍的建设和管理

主管部门负责师范院校教师队伍的建设和管理。这包括教师的招聘、培训、职称评定等方面的工作，以确保教师的素质和水平符合师范教育的要求。

4. 教育质量评估和监测

主管部门通过教育质量评估和监测，对师范院校的教育质量进行全面、科学的评价。这包括学生的学术水平、教师的教学质量、学校的办学水平等多个方面的评估。

5. 资源分配与管理

为了确保师范教育的正常运行，主管部门还负责对教育资源进行分配和管理。这包括对师范院校的经费、实验室设备、图书馆资源等方面进行合理的安排和监督。

（二）师范教育主管部门的评估机制

1.教育质量评估

主管部门通过定期的教育质量评估，对师范院校的教育质量进行全面的审查。这包括对学生学术水平、师资队伍素质、教学设施和管理水平等方面的评估。

2.学科专业评估

主管部门对师范院校的学科专业进行评估，确保教学内容与最新研究成果和社会需求相符，提高学科专业的适应性和实用性。

3.学校自评与外部评估结合

为提高评估的客观性和科学性，主管部门通常采取学校自评与外部评估相结合的方式。学校需要进行自我评价，同时接受外部专家组织的评估，以保证评估结果的客观性。

4.对学校改进的引导

评估机制不仅仅是对学校进行"打分"，更重要的是对学校的改进提供引导。主管部门通过评估结果向学校提出改进建议，帮助学校发现问题、总结经验，并在改进中提升教育质量。

（三）师范教育主管部门的监管机制

1.定期检查与督导

主管部门通过定期的学校检查和督导，对师范院校的日常运行进行监管。这包括对教学进度、师资队伍、学科建设、学生管理等方面的细致检查，以确保学校按照法规和规范进行办学。

2.数据报告与信息披露

师范院校需要定期向主管部门提交各类数据报告，包括学生的招生情况、学业成绩、师资队伍的情况等。主管部门通过这些数据来监测学校的运行状况，发现潜在问题并及时干预。

3.督促整改与处罚机制

当发现学校存在违规或教育质量问题时，主管部门会通过督促整改和处罚等手段进行监管。这包括要求学校采取措施整改、暂停或取消相关资质等措施，以保障教育质量和社会稳定。

4.听证机制

为保障学校的合法权益，主管部门通常设有听证机制。在对学校进行监管决策之前，学校有权要求进行听证，提供相关证据和解释。这有助于确保监管决策的公正性和合法性。

（四）师范教育主管部门面临的挑战

1. 评估指标的科学性

制定科学合理的评估指标是评估工作的基础。主管部门需要不断调整和完善评估指标，以适应师范教育的发展和变革，确保评估的科学性和客观性。

2. 学科发展的快速变化

随着社会的发展和学科知识的更新，学科发展变化迅速，传统的评估机制可能无法及时跟上。主管部门需要不断关注学科发展的动态，及时更新评估标准和机制。

3. 教育资源的不均衡

不同师范院校之间存在教育资源的不均衡，有的学校拥有更多的师资和设施，而有的学校可能相对薄弱。主管部门需要制定更具差异化的评估机制，充分考虑各学校的实际情况。

4. 数据真实性与可信度

学校提交的数据可能存在不真实的情况，为了保证评估的真实性和可信度，主管部门需要建立更加严格的数据核查机制，确保评估结果的准确性。

（五）未来发展方向与建议

1. 引入新技术手段

随着大数据、人工智能等技术的发展，主管部门可以考虑引入新技术手段，对师范教育进行更加全面、深入的评估。这可以提高评估的效率和科学性，更好地适应教育发展的需要。

2. 加强国际合作与交流

国际合作与交流可以帮助主管部门了解国际上的先进经验和理念，为我国师范教育的发展提供借鉴。主管部门可以加强与国际组织、外国主管部门的合作，共同推动师范教育的提升。

3. 建立多层次评估机制

为了应对不同师范院校之间的差异性，主管部门可以建立多层次的评估机制，区分不同层次的院校，采用差异化的评估标准和方法，以更好地满足各类院校的发展需求。

4. 加强师范生素质培养

主管部门可以通过评估机制，加强对师范生素质培养的监管。这包括对师范生的综合素质、教育观念和实际教育操作能力的评估，以确保师范生具备优秀教育者应有的素养。

师范教育主管部门在教育体系中扮演着重要的角色，通过评估与监管，保障师范教育的质量和水平。然而，面临的挑战也不容忽视，需要主管部门通过不断改进机制、引入新技术手段、加强国际合作等方式，推动师范教育的不断发展与提升。师范教育的未来，需要各方的共同努力，共同促进我国教育事业的可持续发展。

二、师范教育认证与国际排名

师范教育认证与国际排名是衡量一所师范院校教育质量和国际竞争力的重要指标。下面将深入探讨师范教育认证的概念、意义，以及国际排名在全球范围内的影响与局限性。

（一）师范教育认证

1.定义

师范教育认证是指对师范院校进行的一种正式评估程序，旨在确保其教育质量、教学水平和管理水平符合一定的标准和要求。认证通常由教育主管机构或专业认证机构进行，涉及学校的教育理念、师资队伍、教学设施、课程设置等方面。

2.意义

保障教育质量：认证机构的评估有助于确保师范院校提供的教育是高质量的，符合国家和国际的教育标准。

提高学校声誉：通过认证，学校能够展示其在教育方面的专业性和卓越性，提高国内外的声誉。

促进教育改革：认证评估的结果可以为学校提供改进建议，推动教育改革，提高教育质量和水平。

（二）国际排名

1.定义

国际排名是一种通过对全球大学或院校进行综合评估，将其排在一个列表中，以展示其在全球范围内的竞争力和影响力的评价体系。排名通常考量学校的学术研究、师资水平、国际化程度等多个方面。

2.意义

国际竞争力：国际排名是衡量一所学校在国际范围内的竞争力的重要标志。高排名的学校通常在全球享有较高的声望。

吸引各国学生：高排名的学校对各国的学生更有吸引力，他们更倾向于选择在排名较高的学校进行学习。

提升研究水平：一些排名评价体系注重学校的研究产出，高排名有助于提升学校在研究领域的水平。

（三）师范教育认证与国际排名的关系

1. 互补性

师范教育认证与国际排名在评价学校方面具有互补性。认证更侧重于学校的教育质量、管理水平等内在要素，而国际排名更侧重于学校的国际影响力、研究水平等外在要素。学校通过获得认证，不仅能够提升内部管理水平，还有望在国际排名中获得更好的地位。

2. 影响力

国际排名在全球范围内具有较大的影响力，对学校的国际声誉和知名度有着直接的影响。一些学校会将提高国际排名作为战略目标，通过加强国际合作、提升研究水平等方式提升排名，进而提高学校整体的国际认知度。

3. 评价体系的不同

师范教育认证和国际排名采用的评价体系有所不同。认证通常更加细致地考查学校内在的教育质量和管理水平，而国际排名更注重学校在国际上的可见度和研究水平。因此，一所学校在认证中获得好评不一定能在国际排名中名列前茅，反之亦然。

（四）国际排名的局限性

1. 方法论争议

不同的排名机构采用不同的评价方法和权重分配，导致不同排名结果之间存在较大差异。一些争议主要集中在排名方法的科学性和客观性上。

2. 学科偏向

部分排名更偏向于特定学科领域，而不是全面考量学校的整体实力。这使得一些学校在某些学科排名上很高，但在整体排名中表现一般。

3. 忽略地区差异

国际排名通常更关注欧美发达国家的学校，对一些发展中国家或地区的学校可能存在一定的忽视。这使得排名结果不能全面反映全球教育的多样性和复杂性。

（五）未来发展方向与建议

1. 推动认证与排名的结合

师范教育认证和国际排名在衡量学校质量时各有侧重，但可以探索将两者结合，形成更全面的评估。认证的内在要素和排名的外在要素可以相辅相成，提供更全面、客观的学校评价。

2. 制定全球统一的标准

为了解决排名存在的方法论争议，可以倡导建立全球统一的教育评估标准，使不同国家和机构采用更为一致的评估体系。这有助于提高排名的科学性和公正性。

3. 引入多元评价因素

排名可以更多地考虑学校的社会责任、创新能力、学科间协同等方面，引入更多元的评价因素，以适应当今复杂多变的教育环境。

4. 关注发展中国家教育

排名机构应该更多地关注发展中国家和地区的教育，充分认识到这些地区的教育质量和影响力的提升，这有助于构建全球化的评估体系。

5. 鼓励学校自主发展

学校在追求认证和排名的同时，也应该鼓励其自主发展，根据自身特点和需求进行调整和优化，而不仅仅是为了符合外部评价标准而盲目追求。

师范教育认证和国际排名都是对学校质量进行评价的有力工具，各自具有一定的意义和局限性。认证更注重学校内在的教育质量和管理水平，而排名更注重学校的国际影响力和研究水平。两者在评价学校时存在一定的互补性，但也需要注意其方法论上的争议和局限性。未来，可以通过推动认证与排名的结合、制定全球统一标准、引入多元评价因素等方式，构建更科学、全面、公正的全球教育评价体系。这有助于推动全球师范教育的发展，提高教育的质量和国际竞争力。

三、外部评估对师范教育的推动作用

外部评估是指由独立的、非学校内部人员组成的评估团队对师范院校进行全面、客观的评价。这种评估方式旨在确保学校达到一定的标准，提高教育质量，推动师范教育的不断发展。下面将深入探讨外部评估在师范教育中的推动作用，包括其意义、实施过程、带来的变革和面临的挑战。

（一）外部评估的概念与意义

1. 外部评估的定义

外部评估是由外部机构或专业评估团队对学校的教学质量、管理水平、师资队伍、学科建设等方面进行独立的、全面的评估。这种评估通常由政府教育主管部门、专业认证机构或国际组织进行，其目的是确保学校达到一定的教育标准和质量要求。

2. 外部评估的意义

提高教育质量：外部评估有助于发现学校存在的问题和不足，通过外部专家的评价提出改进建议，从而促进学校提高教育质量。

促进教育创新：通过对学校的全面评估，外部评估可以为学校提供关于教育创新的建议，推动学校在教学方法、课程设计等方面进行创新。

确保社会认可度：外部评估的结果可以为学校提供一种公正的、客观的评价，提高学校的社会认可度和声誉。

推动师资队伍发展：评估通常包括对师资队伍的评价，有助于发现并解决教师队伍的问题，促进师资队伍的发展和提升。

（二）外部评估的实施过程

1. 制定评估标准

在进行外部评估之前，需要明确定义评估的标准和指标。这些标准通常包括教学质量、学科建设、学校管理、师资队伍素质等方面，以确保评估的全面性和科学性。

2. 组织评估团队

评估团队由外部专家组成，他们通常是来自不同领域和机构的专业人士。评估团队的组建需要确保团队成员具备相关领域的专业知识和经验。

3. 收集信息与数据

评估团队会收集学校的各类信息和数据，包括学校的招生情况、教学质量报告、师资队伍情况、学生评价等，以便全面了解学校的运作情况。

4. 实地考察

评估过程通常包括对学校的实地考察，评估团队会走访校园、参与教学活动、与师生交流，以更直观地了解学校的真实情况。

5. 发布评估报告

评估完成后，评估团队会发布评估报告，其中包括对学校的评价、发现的问题、改进建议等。这一过程通常是透明的，报告会向社会公开，以接受社会监督。

（三）外部评估带来的变革

1. 教学质量的提升

通过外部评估，学校可以全面了解自身的教学质量，并根据评估结果进行有针对性的改进。评估团队的专业意见和建议为学校提供了提高教学质量的方向，帮助学校发现并解决可能存在的问题，推动教学水平的提升。

2. 学科建设的优化

外部评估通常会涉及对学科建设的评价，包括课程设置、实验室设备、学科研究等方面。通过对这些方面的评估，学校可以了解自身在学科建设方面的状况，有助于优化学科结构，提高学科竞争力。

3.师资队伍的提升

评估团队会对学校的师资队伍进行全面评估，包括教学水平、科研能力、师德师风等方面。评估结果为学校提供了改进师资队伍的建议，有助于培养更高水平的教师，提升整个师资队伍的质量。

4.学校管理的完善

外部评估也会关注学校的管理体制和管理水平。通过评估，学校可以了解自身管理存在的不足之处，并在评估报告的指导下进行改进，提高学校整体的管理水平。

5.提高社会认可度

通过外部评估，学校可以获得独立专业机构的认可，评估报告的透明公开也使学校在社会上更受信任。这有助于提高学校的社会认可度和声誉，吸引更多的学生和师资加入。

（四）外部评估面临的挑战

1.评估标准的制定难度

制定全面而科学的评估标准是一个复杂的过程。各个学科、不同类型的师范院校可能有各自特定的需求，评估标准的制定需要考虑到这些差异性，以确保评估的公正性和科学性。

2.数据的真实性和完整性

学校提供的数据和信息可能受到操控，有可能不真实或不完整。评估团队需要花费大量时间和精力来核实和验证学校提供的信息，确保评估的准确性。

3.评估过程的复杂性

评估过程需要投入大量的人力、物力和财力。评估团队的专业人才需要具备丰富的经验，而学校也需要配合提供大量的信息。这使得评估过程的实施相对复杂，需要协同各方的努力。

4.给学校带来的负担

外部评估过程可能给学校带来一定的负担，包括时间、人力和金钱上的成本。特别是对一些资源相对匮乏的学校而言，参与评估可能会面临一定的困难。

（五）未来发展方向与建议

1.制定灵活多样的评估标准

针对不同类型、不同水平的师范院校，可以制定更灵活、更具针对性的评估标准。这有助于更好地满足不同学校的发展需求，避免一刀切的评估标准。

2. 利用先进技术手段

利用先进的技术手段，如大数据分析、人工智能等，可以更高效地收集和分析学校的相关信息。这有助于提高评估的效率和科学性，降低评估过程的负担。

3. 强化学校自身内部评估机制

学校可以建立健全的内部评估机制，自主对教育质量、管理水平等方面进行评估。这有助于学校更及时地发现问题、改进和提升自身。

4. 加强国际合作与交流

与国际上的评估机构、专家团队开展更深入的合作，分享经验、借鉴先进的评估方法，有助于提高我国师范教育评估的水平和国际竞争力。

外部评估作为一种重要的教育质量保障手段，在推动师范教育的发展和提升方面发挥着重要作用。通过对学校的全面评估，发现问题、提出建议，有助于学校优化资源配置、改进管理机制、提高教学质量。然而，评估过程中仍然面临着一些挑战，需要学校、评估机构和政府共同努力，制定更科学、更灵活的评估标准，利用技术手段提高效率，强化学校自身内部评估机制，促进国际合作与交流，共同推动师范教育的不断提升。

在未来的发展中，应该致力于构建更为灵活和多样的评估机制，考虑到不同类型、不同层次的师范院校的特点和需求。与此同时，通过引入先进的技术手段，如大数据分析和人工智能，可以提高评估的效率和科学性，减轻学校参与评估的负担。

强化学校自身的内部评估机制也是关键的一步。学校应该建立完善的内部评估体系，通过自主进行评估，更及时地发现和解决问题，推动学校自身的可持续发展。

此外，国际合作与交流也是推动师范教育发展的重要途径。通过与国际上的评估机构、专家团队进行深入合作，可以借鉴先进的评估方法和经验，提高我国师范教育的国际竞争力。

综上所述，外部评估对师范教育的推动作用不可忽视。通过建立科学、灵活、高效的评估机制，加强学校内部评估，促进国际合作与交流，可以不断提升师范教育的质量，为培养高素质教育人才做出更大贡献。在这个过程中，各方应密切协作，共同推动师范教育朝着更加健康、可持续的方向发展。

第五节　师范教育质量改进策略

一、师范教学质量改进的常用策略

师范教育的质量直接关系到教育系统的健康发展和学生的综合素质提升。为了不断提高师范教学的质量，各级教育机构和师范院校需要采取一系列策略来改进教育质量。本节将深入探讨师范教学质量改进的常用策略，包括课程设计的优化、教学方法的创新、教师培训与发展、学科建设的加强等方面。

（一）课程设计的优化

1. 核心课程体系的建设

建立科学、系统的核心课程体系，确保师范生在培养过程中获得全面、均衡的知识结构。这包括基础课程、专业课程和实践环节的有机组合，使学生能够全面发展，具备优秀的教育素养。

2. 实践性课程的增加

加强实践性课程的设置，使师范生在实际操作中能够更好地理解教育理论，培养实际教育能力。这包括校外实习、教育实践、课程设计等实践性环节，促使理论与实践相结合。

3. 跨学科课程的引入

引入跨学科课程，使师范生具备更广泛的知识视野。跨学科课程可以帮助师范生更好地理解教育问题，提高解决问题的能力，促使他们具备更全面的综合素质。

（二）教学方法的创新

1. 活动式学习的推广

推动活动式学习，通过小组合作、项目研究等方式，培养学生的团队协作和问题解决能力。这有助于打破传统的教学模式，激发学生的学习兴趣，提高学习的效果。

2. 翻转课堂的应用

采用翻转课堂的教学方法，让学生在课堂上更多地参与讨论、实践，课后进行知识的消化和巩固。这种方法有助于提高学生的主动学习能力，加深对知识的理解。

3. 创新教育技术的运用

利用先进的教育技术，如虚拟实验室、在线教育平台等，提供更灵活、多样的学习资源。这有助于满足学生个性化学习的需求，促使他们更主动地参与学习过程。

（三）教师培训与发展

1. 提供系统的教育培训

为师范院校的教师提供系统的培训课程，涵盖教育理论、教学方法、心理学等多个方面。这有助于提高教师的专业水平，使其更好地适应教育发展的需要。

2. 激励教师的教学创新

设立激励机制，奖励那些在教学方面取得显著成绩的教师。这可以激发教师的教学热情，促使他们在课堂上更具创新性，以提高教学质量。

3. 提供发展空间和机会

为教师提供继续深造的机会，支持他们参与国内外学术交流、科研项目等。这有助于拓宽教师的学术视野，提高其在教学和研究方面的水平。

（四）学科建设的加强

1. 提升学科实力

加强学科建设，提升师范专业的学科实力。这包括引进高水平的学科带头人、加强学科交流与合作，推动学科的不断发展。

2. 更新教材和资源

定期更新教材和教学资源，确保其与学科发展和实际需求保持一致。通过引入新的教材和资源，可以提高教学的时效性和质量。

3. 建设实践基地

建设实践基地，为学生提供更多实践机会。与学校、社会合作，打造与实际教育工作紧密结合的实践基地，以更好地培养学生的实际操作能力。

（五）评估与反馈机制的建立

1. 定期评估教学效果

建立定期的教学评估机制，通过学生评价、同行评审等方式，对教学效果进行全面、客观的评估。这有助于及时发现问题，采取有效措施加以改进。

2. 建立教学反馈机制

设立教学反馈机制，鼓励学生和教师进行双向反馈。学生可以提出对课程的建议和意见，而教师也可以通过学生的反馈了解教学中存在的问题，从而及时调整教学策略。

3. 制定教学质量标准

制定明确的教学质量标准，使教师和学生对教学质量有一个共同的认知。通过制定标准，可以量化教学效果，为教学改进提供具体的目标和方向。

（六）社会参与与合作

1. 建立校企合作机制

与教育相关的企业、机构建立合作关系，提供更多的实践机会和就业资源。校企合作可以使教育更贴近实际需求，帮助学生更好地融入职场。

2. 引入外部专业评估

邀请外部专业评估机构对学校的师范教育进行评估。通过外部专家的客观评价，学校可以更全面地了解自身存在的问题，并得到有针对性的改进建议。

3. 与社会各界建立紧密联系

加强学校与社会各界的联系，定期举办教育论坛、讲座等活动，邀请社会名人、专业人士进行交流。这有助于学校及时获取社会的反馈，使教育更符合社会的期望。

（七）学生个性化培养

1. 提供个性化的学习计划

根据学生的兴趣、能力和职业规划，提供个性化的学习计划。通过提供不同的学习路径，满足学生多样化的需求，使其更好地发挥个人优势。

2. 建立导师制度

为每个学生分配专业导师，定期进行个性化辅导和规划。导师可以帮助学生解决学业和生涯发展中的问题，促进学生全面发展。

3. 开设选修课程

提供丰富多彩的选修课程，让学生有更多的选择空间。这有助于激发学生的学习兴趣，培养其自主学习的能力。

（八）持续改进与监测机制

1. 建立质量监测体系

建立师范教育的质量监测体系，包括对师资队伍、教学环境、学生就业等方面的监测。通过监测，及时发现问题，为改进提供数据支持。

2. 成立质量保障团队

成立专门的质量保障团队，负责教育质量的监控与改进。该团队可以定期召开会议，分析教学情况，提出改进建议，确保教育质量的稳步提升。

3. 参与教育评估

积极参与国家或地区的教育评估工作，接受外部的专业评估。这有助于学校更全面地了解自身的发展状况，及时调整教育策略。

师范教育的质量改进需要学校、教师、学生以及社会的共同努力。通过优化课程设计、创新教学方法、加强师资队伍建设、强化学科建设等策略的综合运用，可以不断提升师范教育的质量水平。同时，建立有效的评估机制、推动社会参与和合作、关注学生个性化培养等方面的策略也是必不可少的。在全社会的关注和支持下，师范教育将能够更好地适应时代需求，培养更优秀、更符合社会需求的教育人才。

在实施这些策略时，需要注意以下几点：

1. 全员参与，形成合力

教育质量的改进需要全员参与，包括学校领导、教师团队、学生以及社会各界，形成合力，共同推动师范教育的进步。

2. 灵活运用策略

每个学校在实施改进策略时，需根据自身的特点和问题，灵活运用各项策略。并且要时刻关注教育发展的动态，及时进行调整和优化。

3. 持续改进，循环往复

教育质量的改进是一个持续不断的过程，需要建立起循环的改进机制。通过不断地评估、反馈、调整，使教育质量在不断提高的同时保持稳定。

4. 善用技术手段

在教学和管理中，善用现代技术手段是提高效率的关键。可以借助信息技术、在线教育平台等工具，拓展教育资源，提高教学质量。

5. 关注国际经验

借鉴和吸收国际上的先进经验，可以帮助我国师范教育更好地融入国际潮流，提高国际竞争力。与国际接轨有助于拓宽视野，推动教育的全球化发展。

6. 加强研究与实践结合

师范教育的改进应该建立在研究和实践的基础上。教育研究成果要能够迅速应用到实际教学中，形成良性循环。

7. 建立信息共享机制

建立学科间、学校间的信息共享机制，让各方能够及时了解先进的教学理念和方法。通过信息共享，推动整个师范教育领域的共同进步。

师范教育的质量改进是一个复杂而系统的工程，需要多方共同努力，结合多种策略进行全面推进。通过优化课程设计、创新教学方法、加强师资队伍建设、社会参与与合作等方面的策略，可以不断提升师范教育的整体水平。同时，建立有效的评估机制、推动社会参与和关注学生个性化培养等方面的策略也是必不可少的。在全社会的关注和支持下，师范教育将能够更好地适应时代需求，培养更优秀、更符合社会需求的教育人才。

二、学生反馈与教学改进的关联

学生反馈是教育质量保障体系中的一个重要环节，它直接关系到教学效果和教学质量的提升。学生是教学过程的直接参与者，他们对课程设置、教学方法、教师表现等方面有着独特的感受和见解。因此，学生反馈不仅是对教学的一种客观评价，也是教师改进教学的有力依据。下面将深入探讨学生反馈与教学改进的关联，包括学生反馈的种类、有效收集学生反馈的方法以及如何将学生反馈转化为实际的教学改进措施。

（一）学生反馈的种类

1. 课程内容

学生对课程内容的反馈主要包括对教学内容的理解程度、是否感兴趣以及是否觉得内容与实际需求相符等方面的评价。这部分反馈可以帮助教师了解学生对所学知识的掌握情况，以及是否满足了他们的学习期望。

2. 教学方法

学生对教学方法的反馈涵盖了课堂互动、教师讲解、小组合作等多个方面。这些反馈有助于教师了解自己的教学方法是否能够引起学生的兴趣，是否能够激发学生的学习动力，以及是否适应了不同学生的学习风格。

3. 教师表现

学生对教师表现的反馈包括教师的教学态度、沟通方式、知识水平等方面。这部分反馈有助于教师了解自己在学生心中的形象，以及是否能够建立良好的师生关系。

4. 课堂氛围

学生对课堂氛围的反馈主要涉及学习氛围、课堂秩序等方面。这些反馈有助于教师了解学生在课堂中的感受，以及是否有助于他们的学习。

5. 评估方式

学生对评估方式的反馈包括考试形式、作业要求等方面。这部分反馈有助于教师了解学生对考核方式的接受程度，以及是否能够全面客观地反映他们的学习水平。

（二）有效收集学生反馈的方法

1. 匿名问卷调查

匿名问卷调查是收集学生反馈的一种常见方式。通过设计问题，让学生在问卷中匿名表达自己的看法和建议。这样的方式可以让学生更自由地发表意见，避免担心因言论而带来的影响。

2. 小组讨论

在课堂中或者课后，组织学生进行小组讨论，让他们自由交流对课程的感受和建议。小组讨论有助于深入挖掘学生的真实想法，也可以促使学生在小组中共同建构对课程的看法。

3. 个别面谈

与学生进行个别面谈是一种更深入的收集反馈的方式。通过与学生一对一的交流，可以更详细地了解他们的学习情况和期望。这种方式尤其适用于建立师生信任关系较好的情况。

4. 在线平台反馈

利用在线平台，建立学生反馈的专门渠道。学生可以在特定的平台上匿名或实名提交对课程的评价和建议。这样的平台可以更方便地收集和整理学生的反馈信息。

（三）将学生反馈转化为教学改进的措施

1. 统计分析学生反馈数据

收集到学生反馈后，首先需要进行统计分析。通过对反馈数据的分类、整理和分析，找出其中的主要问题和亮点。这可以为后续的改进提供有力的数据支持。

2. 制订明确的改进计划

在统计分析的基础上，教师需要制订明确的改进计划。确定哪些方面需要改进，制订具体的改进目标和时间表。计划要具体、可行，能够有针对性地解决学生反馈中提出的问题。

3. 与学生共同讨论改进方案

教师可以与学生共同讨论制订的改进方案，征求他们的意见和建议。学生是直接受益者，他们的参与可以增加改进计划的实际效果，也有助于建立更好的师生互动关系。

4. 实施改进措施

在讨论的基础上，教师开始实施改进措施。这包括调整教学方法、更新课程内容、改善评估方式、提高教学效果等。在实施过程中，教师需要保持对改进的关注，及时调整措施，确保其有效性。

5. 收集再次反馈

在改进措施实施一段时间后，收集再次反馈是评估改进效果的关键步骤。学生的再次反馈将帮助教师了解改进是否取得了预期的效果、是否满足了学生的期望。这也是一个循环的过程，可以不断地优化教学。

6. 持续改进

学生反馈并不是一次性的工作，而是一个持续改进的过程。通过不断地收集反馈、调整教学策略、实施改进措施，教师可以逐渐优化教学质量，提高学生满意度。

（四）建立良性的学生反馈机制

1. 鼓励真实反馈

为了建立良性的学生反馈机制，学校和教师需要鼓励学生提供真实、具体的反馈意见。这可能涉及提供匿名反馈的渠道，以减轻学生担心反馈可能带来的负面影响。

2. 及时回应反馈

学生在提供反馈后，期望能够得到及时的回应。教师可以在适当的时候公开回应学生的反馈，说明是否采纳了建议，以及采纳后的改进计划。这能够增强学生对反馈的信任感。

3. 建立反馈文化

学校和教师应该努力建立一种反馈文化，让学生认识到他们的反馈对教学质量的提升有着重要的作用。可以通过定期组织学生座谈会、设立优秀反馈奖励等方式，弘扬积极的反馈文化。

4. 教师间的互动学习

除了学生反馈，教师之间的互动学习也是非常重要的。教师可以相互观摩课堂，进行教学经验的分享，互相提供建议和反馈。这有助于促进教师的专业成长。

（五）学生反馈与教学改进的关联实例

为了更好地理解学生反馈与教学改进的关联，以下提供一个实例：

实例：统计学课程的改进

教师在统计学课程结束后，通过匿名问卷收集学生反馈。学生普遍反映课程内容难度较大，对一些概念理解不够清晰。教师收集到反馈后，采取了以下改进措施：

调整教学内容：教师对课程内容进行了重新梳理，将难度较大的概念进行细化，增加实际案例讲解，以提高学生的理解。

引入互动环节：在课堂中增加了一些互动环节，如小组讨论、案例分析等，让学生更加积极地参与到学习中，提高课堂氛围。

优化评估方式：针对学生反映的考试难度较大的问题，教师调整了考试的难度和题型，确保评估方式更加贴近学生的实际学习水平。

设立额外辅导时间：为了帮助那些在课堂上无法完全理解的学生，教师主动提供了额外的辅导时间，鼓励学生前来咨询问题。

征求学生意见：教师在改进后向学生说明了采纳了哪些建议，并再次征求学生的意见。这种循环的反馈和改进机制在后续课程中也得到了应用。

通过这些改进措施，学生对统计学课程的满意度明显提高，通过率有所增加。这个例子显示了学生反馈如何促使教师针对性地改进教学，最终实现了教学效果的提升。

学生反馈与教学改进之间存在密切的关联。通过多样化的反馈收集方式，教师能够深入了解学生对教学的看法和建议。将学生反馈转化为具体的改进措施，需要统计分析数据、制订改进计划、与学生共同讨论等多个步骤。建立良性的学生反馈机制、鼓励真实反馈、及时回应、培养反馈文化，都是推动学生反馈与教学改进良性循环的关键。通过这一过程，教育质量将不断提升，师生关系也将更加紧密。

三、专业发展与质量提升的策略

在当代教育领域，专业发展和质量提升是教育机构和教育从业者共同关注的核心议题。教育质量的提升与专业发展密切相关，而专业发展则是教育质量不断提升的基石。本节将探讨专业发展与质量提升的策略，包括教育机构的战略规划、教师的专业发展、学生的参与与反馈等方面。

（一）教育机构的战略规划

1.制订明确的教育目标

教育机构应该明确制定教育目标，这些目标需要符合社会需求、教育政策，并与学校的使命和愿景相一致。明确的目标有助于形成发展方向，指导机构的日常运作和长期发展。

2.建立绩效评估体系

建立科学有效的绩效评估体系，以评估教育机构、教师和学生的绩效。这可以通过设立指标体系、定期评估和对绩效进行奖惩来实现。绩效评估有助于及时发现问题、促进改进，并形成质量提升的长效机制。

3. 投入先进的教育技术

整合先进的教育技术，提高教育教学的效率和质量。利用在线学习平台、虚拟实验室、智能化辅助教育等技术手段，创新教学模式，拓展教育边界。

4. 鼓励跨学科合作

促进不同学科之间的合作，推动跨学科教育。跨学科合作有助于拓宽学科边界，提供更丰富的学科体验，培养学生的综合能力。

（二）教师的专业发展

1. 提供持续的专业培训

为教师提供持续的专业培训机会，使其能够不断更新知识、了解最新的教育理念和教学方法。这可以通过组织内外部培训、研讨会、参与学术会议等方式实现。

2. 支持教师参与研究项目

鼓励教师参与科研项目，推动教育研究和实践相结合。这有助于提高教师的学科水平，促进教学内容的创新和提高教学质量。

3. 激励教师创新教学方法

为教师提供创新的教学资源和平台，激励他们尝试新的教学方法。鼓励探索式学习、项目驱动学习等创新教学方式，以提高学生的学习兴趣和主动性。

4. 建立教师发展的评价体系

建立科学合理的教师发展评价体系，对教师的专业发展进行全面评估。这有助于激发教师的积极性，形成自主学习和专业成长的氛围。

（三）学生的参与与反馈

1. 鼓励学生参与课外活动

学生参与课外活动是培养其综合素养和团队协作能力的有效途径。教育机构可以设置各类社团、实践项目、志愿活动等，激发学生的参与热情，拓宽其视野。

2. 设立学生评价机制

建立学生评价教学的机制，鼓励学生对课程、教师进行评价。这有助于了解学生对教学的真实感受，为教学改进提供有力支持。

3. 提供个性化学习支持

了解学生的个性差异，提供个性化的学习支持。通过定期的学业辅导、心理咨询等方式，帮助学生更好地适应学习环境，提高学业水平。

4. 建立学生参与学校治理的机制

培养学生参与学校治理的意识，建立学生参与决策的机制。通过设立学生代表、学生议会等组织，让学生在校园事务中发挥更大的作用。

（四）社会与校企合作

1. 拓展实习与实践机会

加强与企业、社会机构的合作，为学生提供更多的实习和实践机会。这有助于学生更好地将理论知识应用到实际工作中，提高其职业素养。

2. 建立校企合作研究项目

与企业合作开展研究项目，促使学术研究更紧密地结合实际应用。这不仅可以为学校提供实际问题的解决方案，也可以为学生提供参与实际项目的机会，培养他们实际问题解决能力。

3. 开展行业对接活动

组织行业对接活动，邀请相关行业的专业人士、企业家举办讲座、座谈等形式的交流。这有助于学生深入了解行业发展趋势，为未来职业规划提供更全面的参考。

4. 建立双向人才培养机制

与企业共同制定课程设置，建立双向的人才培养机制。通过与企业的紧密合作，使教育机构更好地适应社会需求，培养更符合市场需求的专业人才。

（五）建立质量保障体系

1. 制定质量标准与评估体系

明确教育质量的标准与评估体系，确保教育机构的办学质量符合一定的标准。这可以通过制定内部质量标准、参与外部评估等方式实现。

2. 定期进行教育质量评估

定期对教育质量进行评估，包括教学过程、师资力量、学生满意度等方面。通过评估结果，发现问题，及时采取措施进行改进。

3. 加强内部质量监控

建立内部质量监控机制，通过课程评估、学生评教、教师互评等手段，对教学质量进行监控。及时发现问题，采取措施，形成教育质量的闭环管理。

4. 鼓励外部评估与认证

主动参与外部评估与认证，借助外部专业机构的力量对学校的教育质量进行审查。获得认证的学校不仅可以提高声誉，还可以获得外部的指导和建议，促使其不断提升。

（六）促进国际化发展

1. 推动国际交流与合作

积极推动国际交流与合作，促使学校与国际知名学府、研究机构建立紧密联系。

通过学生交流、教师合作、联合研究等方式，吸收国际先进教育理念，提高学校的国际竞争力。

2. 国际化课程设置

开设国际化课程，引入国际先进的教育理念和内容。通过国际化课程，培养学生的国际视野，提高其全球竞争力。

3. 建立国际学术交流平台

建立国际学术交流平台，组织国际性的学术研讨会、讲座等活动。这有助于学校教师学术水平的提升，推动学科发展。

4. 招收国际学生

吸引国际学生前来学习，促进学校的国际化发展。国际学生的加入不仅丰富了校园文化，还为本地学生提供了更广阔的交流平台。

专业发展与质量提升是教育机构长期发展的关键因素，而上述提到的策略仅仅是其中的一部分。在实际实施中，教育机构需要根据自身的特点和发展阶段，综合考虑这些策略，并灵活调整，以不断适应社会变革和教育发展的需要。只有在专业发展和质量提升的双重推动下，教育机构才能真正实现可持续的发展，为学生提供更优质的教育服务。

参考文献

[1] 程箐，李萃茂.教学相长：高等师范教育教学改革与探索 [M].武汉：武汉大学出版社，2015.

[2] 罗文.云南师范大学思想政治理论课教育教学改革与探索 [M].昆明：云南大学出版社，2009.

[3] 唐世纲.师范生教学技能训练与考核研究 [M].成都：西南交通大学出版社，2019.

[4] 王长顺.咸阳师范学院教育教学工作会议论文集 [M].西安:陕西人民出版社，2020.

[5] 滕大春.教育史研究与教育规律探索 [M].北京：人民教育出版社，2019.

[6] 邝邦洪.高等教育的实践与探索 [M].广州：广东高等教育出版社，2020.

[7] 傅惠钧，占梅英，陈青松.师范类汉语言文学专业教学改革与研究 人文教坛选萃 [M].杭州：浙江大学出版社，2018.

[8] 全廷建.师范教育启示录 [M].郑州：河南大学出版社，2014.

[9] 陈智勇，谢小川.师范生教学能力培养的理论与实践 [M].成都：四川大学出版社，2016.

[10] 孟庆国，曹晔，杨大伟.中国职业技术师范教育史 [M].北京：教育科学出版社，2016.

[11] 郭英，周磊.师范生综合素质培养的探索 [M].成都：四川大学出版社，2017.

[12] 王长顺.陕西基础教育教学改革与教师教育的理论与实践 [M].西安：陕西人民出版社，2020.

[13] 金长泽，张贵新.师范教育史 [M].海口：海南出版社，2002.

[14] 孙士聪.融合创新范式转型:首都师范大学本科教育教学信息化论文集 [M].北京首都师范大学出版社，2021.

[15] 赵怀力，吕炜.研究生招生改革探索与实践[M].沈阳:东北财经大学出版社，2017.

[16] 张登玉 . 地方高师院校物理学专业教学改革与实践研究 [M]. 湘潭：湘潭大学出版社，2019.

[17] 刘自成 . 教育改革典型案例 2[M]. 北京：人民教育出版社，2012.

[18] 蒋宁 . 传统与现代交汇下的体育教学改革探索 [M]. 成都：西南交通大学出版社，2016.

[19] 方敏 . 教育创新 [M]. 北京：首都师范大学出版社，2019.

[20] 冯智文 . 深化大学英语教学改革探索与研究 [M]. 昆明：云南大学出版社，2013.

[21] 陈伟丽，王岩 . 俄罗斯教育改革之路 [M]. 长春：吉林大学出版社，2016.

[22] 马敏，王坤庆 . 变革中的教师教育：华中师范大学免费师范生培养的理论与实践探索 [M]. 武汉：华中师范大学出版社，2012.